ママはいつもつけまつげ

母・中村メイコとドタバタ喜劇

神津はづき

小学館

ママはいつもつけまつげ

母・中村メイコとドタバタ喜劇

はじめのご挨拶

私は神津《こうづ》家の次女として誕生し、2歳から87年間現役の女優であった中村メイコを母として61年を過ごしました。

この本は、2023年12月31日に89歳で亡くなった母と過ごした不条理とドタバタを、ボケないうちに思い出しては笑ったり涙を流したりしながら綴った家族の記録であり母へのレクイエムです。

左は2022年8月31日、私の還暦の誕生日に母からもらった手紙です。

見た目はマシュマロ　中味はオセンベ
それが神津はづきさん
なんだかいつもフニュフニュとおとなしい笑顔で
ときどきドキリとするようなからくちジョーク

どうして私からこんな次女が…
けれど我が〝神津家〟にはなくてはならないスパイスです
たしかにこれは年令《とし》のせいだと思うけど…
老いた母は「おもろいハーチャン」と笑いながら
こっそり涙をふくのです

母メイコ記

そんなわけで、フニュフニュながら幼少期の仇《あだ》も込めて〝からくち〟で、思い出すままに書いてみました。
母のことをご存じのかたはそんな母親だったのねと思いながら、母のことをご存じないかたは昭和のある芸能人家族の風変わりな日常の記録と思いながら、最後までお付き合いいただけたら幸いです。

神津はづき

もくじ

装丁　名久井直子
装画　伊藤理佐
写真提供　神津はづき

この本は……

下の写真中央で満面の笑みを浮かべる

女優で私の母・中村メイコ（この本の主役）と、

左から、作家でエッセイストの姉・カンナ、

私、作曲家の父・善行。

そしてこの頃にはまだ生まれていなかった

画家の弟・善之介の家族5人を

中心に繰り広げられるドタバタ喜劇です。

1970年頃、赤坂プリンスホテルのファミリー
クリスマスディナーにて。

ガランとした衣装部屋に大量の帯揚げ

母が亡くなって、一番の大仕事は母の衣装部屋を片付けることだとわかっていた。だから誰もその部屋について話そうとしなかった。

父は、ベッドの横にある母の化粧台を、母が亡くなって2日もしないうちに一人で片付けた。いや、処分したと言うべきなのかも。手鏡もブラシも香水も口紅も、引き出しに入っていた大量のファンデーションも真新しいつけまつげもゴミ袋に入れられ、ベランダに並んでいた。何も無くなった化粧台の上で猫のぬいぐるみが目を丸くして鏡を覗き込んでいた。

車椅子を父に押してもらう生活になった母は、トイレに行く時も顔を洗う時も着がえる時も鏡台に向かう時も、父が背後にいた。父には母越しに見えていた全ての物が、母がいなくなったことを確認させるものとなり耐えられなかったのだろう。母が父を呼ぶ時に使っていたブザーがゴミ袋の一番上に捨てられていた。

ただ、毎日使っていたウイスキーを入れるグラスとマドラーと氷を入れる器は、母の遺影の横に置いてあげていた。

「よし！　やるか」

この調子で父に衣装部屋を片付けられても困るので、やっとこさ意を決した私と姉のカンナだったが、母の衣装部屋のドアを開けて私はびっくりした。想像していた量の10分の1の服しかない。大きな家からこのマンションに引っ越す時に、地下の廊下一面に並んだムカデの如《ごと》き靴も、撮影所の衣装部の如く溢れかえった服も大量に処分したのだが、それでもマンションの一部屋に綺麗に収められる量ではなかった。

「えっ？　これだけ？」

私の問いに、80を過ぎた母のマネージャーが「奥様、いらないからなんだってあげるって、私の家が大変なことになってるわよ……」。

そういえば、最近は映る仕事があるたびにマネージャーさんから私に、「なんか着るものないかしら？」と、電話がかかってきた。

車椅子だから着脱が楽で、浮腫《むく》んでしまった足元を隠せて、母の気分が明るくなるような服がないのだろうと、私は母らしい服を用意しては持っていった。ラックに掛かっていたのは30着ぐらいだろうか。意を決して挑むほどの片付けにはなりそうになかったが、母が遺した物がどんな物なのか気になり、私はゆっくり片付けることにした。

急遽《きゅうきょ》帰国した、30年スペインに住んでいる弟の善之介《よしのすけ》は画家なのだが、いつの時代も画家の経済状況は不安定だ。そんな弟が衣装部屋に入ってきて「絵が売れてお金に余裕がある時は、お母さんにシャネルのスカーフをプレゼントしていたのに、一枚も見当たらないんだけど」と、片付けている私に言いに来た。

「きっと誰かにあげちゃったね〜」

私の返事に、なんとも釈然としない顔をしている。そりゃそうだろう、本当は蓄えておくべきお金を使った母へのシャネルだもの、最後まで大切に持っていてくれると思っていただろう。「あまいな！」弟より10年長く母を知る姉である私は、大枚叩《はた》いた弟に同情しながらも心でそう言っていた。

母はそういう人なのだ、普通の母親ではない。シャネルだろうが息子が大枚叩いて買ってくれた物だろうが、そこには反応しない。誰かが、そのスカーフを巻いている母に「素敵〜‼」と目を輝かせたりしたら「あら！　そんなに好きならあげるわ！」と、母はあっさりとあげてしまう。弟には言えないが、褒められたスカーフが3000円でも、ものすごく気に入っていたら「あげない！」と言うのだが。

だから私は、値段で選ぶのではなく絶対に母が気に入る物を探した。母が気に入りそうな物が見つからなかった時は、誰かにあげてしまってもいいように無駄に高い物は買わず「ママ、ごめん！　あんまり気に入らないかもだけど今度の撮影はこれ着とく？」と無難な服を見せる。すると母は、「ふんふん……いいんじゃない？」とか言って、撮影には着て行く。しかし、そんな服は案の定そのうち衣装部屋から消えていた。

車椅子の移動になりハイヒールに別れを告げてからは、おしゃれするにも限りがあり、楽しくなくなったのかもしれない。母の遺した服は、Aラインで足首まで隠れるお気に入りのワンピースが夏冬合わせて20枚ほどと、私が買った中でもう一度着てもいいと思えた物と、冠婚葬祭用の服が数枚。

あとは奥のラックに、ずーっと昔に父からクリスマスにもらった毛皮たちがずらり。父がなぜ毛皮を毎年クリスマスに母へプレゼントしようと決めたのかわからないが、きっとそういう時代だったのだろう。その年の父の稼ぎがわかるプレゼントだ。

結婚して最初に母が貰った毛皮は、肩がやっと隠れるくらいのミンクのケープ。あまりに可愛いので母に頼んですでに私が20代の頃に貰っている。カシミヤのコートの襟だけにフォックスが付いている年、小さな母が羽織ると引きずりそうなブラックミンクの年、今では世に出せない動物の毛皮の年……もちろん全て残っているわけではない。差し上げたり、お手伝いさんが辞めた時に消えた物もいくつかある。でももう着ることもないであろう毛皮たちを、母は最後まで側《そば》に置いておいた。

そのラックに、私たちが幼稚園、小学校の頃に着ていた小さな制服も掛かっていた。半世紀以上前にクリーニングから返ってきたままの姿で。

ずっと同じクリーニング屋さんにお願いしているので（今もだから60年！）、入れてある袋の柄やタグの付け方で時代がわかる。シーツだのテーブルクロスだの、ただの大きな布だの、ビニール袋の外から柄を見るとなんとなく懐かしい。母はとにかく物が多いので、美しい収納などとは無縁で棚に押し込むしかないのだが、そこに素敵な布をかけて隠すのが得意だった。だからその布を見ると昔住んでいた母の部屋を思い出す。記憶する一番古いクリーニング屋さんのビニール袋に入った、とても小さな布のような物が2つ、ズボン用のハンガーに吊るされていた。これも見覚えのある柄だ。

小さなサロンエプロンだった。

「あっ、あれだ！」

新婚の頃、父は上から覗くスウェーデン製のカメラ、ハッセルブラッドでよく母を写していたようで、髪の毛をアップにかきあげながらサロンエプロンをしている母のちょっと恥ずかしくなるような写真がある。その時にしていたあのエプロンだった。

67年前のエプロンは古い袋の中で新品のような顔をしていた。

母から何十回も、「あなたが好きそうな着物だけ残してあるから見にきてよ」と電話があった。もちろん姉のところにも。持って帰ったところでしまう場所もないから「そこに置いといて〜」と姉も私も毎回同じことを母に言っていた。

「やりますか！」

姉も参加しての着物の整理。棚に母の字で張り紙があった。

「右がカンナ　左がはづき」

何百枚とあった着物も、何年も娘たちが取りに行かずにいたからだろう。私が欲しいと言っていた華やかな訪問着などは60過ぎの娘には必要ないと誰かの元へ行き、姉には絣《かすり》や紬《つむぎ》、私には斬新な柄だが地味な色のものが16枚ずつ程度置かれていた。

「だいぶ地味だわ！」妹のつぶやきに「見てよ、私はもっと地味よ」と姉。棚に残っていた着物を最後は私たちが車の助手席に積んで持ち帰り、何もなくなった。

用のなくなったハンガーラックと畳を運び出し、がらんとした母の衣装部屋には足で潰しぺちゃんこになって積み重ねられた着物の箱だけと思ったら、古い2棹の箪笥の横に置かれた小さな桐の箪笥が。

引き出しの中に、上から下までサンドイッチ用のパンみたいに帯揚げが四角く畳まれてぎっしり入っていた。色分けされ、100枚はあるだろう。

引き出しから取り出すと、帯揚げたちは、ふわぁふわっと広がって床には帯揚げの山ができた。

「ママ〜！　なんで着物や帯と一緒にあげなかったのよ〜」

私は今、知り合いに会うたびに「帯揚げはいりませんか〜？」と言っている。

「ママは変!」父に直談判した日

私の一番古い母の記憶はなんだろう。映像ではなく、匂いとか爪が皮膚に触れた感触とかかもしれない。それは紛れもなく母そのものなのだから。

香水の匂い、ヘアスプレーの匂い、コールドクリームの匂い、もちろんウイスキーの匂いも。好きとか嫌いとか判断できない頃の母の匂い。鋭利に尖った爪の先が気弱に皮膚を撫でるが時々軽く刺さる、母とのスキンシップ。生まれて間もない私は、その全てが私の母親だと嗅覚と触覚で認識したのだろう。そして嗅ぎ慣れた匂いと、たまに刺さる爪に守られていると信じていたのだろう。

親になることに試験も資格もないのだから様々な親が存在するわけだし、その子供は否が応でも、親の嗅覚や触覚にすがって人生をスタートするわけだ。でも子供の成長はすさまじく早い。

私が、母親としての母への違和感を父に訴えたのは、私が4歳の頃だった。幼稚園という社会生活が始まり、私は自分の母親が少し「変」だということに気づく。

1967年、私たちの学校は六本木の大通りから鳥居坂に向かう道沿いに、幼稚園から短大まで並んでいて、4歳年上の姉カンナは小学部の2年生だった。毎朝、新橋の家の前の大通りの中央にある都電の停留所までカンナにぎゅっと手を握られて渡り、確か15円だった回数券を点線できれいにカンナに切ってもらってから乗った。都電の窓は大きく、小さな私でも外がよく見えた。御成門《おなりもん》を過ぎた辺りで左手に東京タワーの上の方が見える。そこからゆるやかな坂を登って行けば、三河台（今の六本木五丁目）だ。

電車のすぐ横をすごいスピードで車が走っていったりするので降りる時もカ

ンナにぎゅっと手を握られ歩道まで渡り、瓦屋根のパン屋さんと八百屋さんの間を入っていけばすぐに幼稚園と小学部はあった。のちに、この八百屋さんがバブル期に一世風靡したロアビルになったのだが、そのロアビルもそろそろ姿を消そうとしている。

小学部の時間に合わせて登園するので、遅く始まる幼稚園はまだがらんとしていて私と同じように姉妹で登園してくる子が数人いるだけだった。

半世紀以上前の記憶なのだが2人で通い始めた日、確かにカンナは「他のお母さんを見てびっくりしても心配しなくていいよ！」と言ったのだ。

「お寒いですわね〜」とか「今日のお3時は何になさいますの〜？」と、変な喋り方をするお母さんや、あまりに太っていて靴からお肉が溢れているお母さんがいてびっくりはしたけれど、私が心配になるほどではなかった。

母がそのお母さんたちと交ざるまでは……。

母はものすごく忙しかったが幼稚園のお迎えに現れることがあった。園庭にたくさんのお母さんたちに交じって母が立っている。

立ってるだけなのに母だけ何かが違う。オーラと言ってしまえばそれまでなのかもしれないが、オーラと言うよりは磁場？　常に母は、ビビョビョビョッンと何かを発している。本人は注目されたいわけでも、目立ちたいわけでもないのだが、お尻からコンセントでも生えているのだろうか、「中村メイコ」という電飾付きの看板みたいに注目され、目立つのだった。

そしてこの光る看板は勝手に動くし、ものすごく喋る。

母が、何かお手伝いで幼稚園にいた時、私はお友だちとおままごとをしていた。遠くから微笑ましく、おままごとの進行を見ているお母さんもいたが、母は突然おままごとの中に入って来た。

「はーちゃん、『ごはんよ～』って言う前に、少し汗を拭いたりした方がごはんがあったかそうよ！　あと、お鍋を持つ時は『あちっ』ってね、そういう時は耳たぶを触ったりするかな。やってごらんなさい！」

お父さん役の子にまでダメ出しをした。

「せいいちろう君！　お父さんってどんな声で帰ってくるのかしら？」と、自ら高い声や低い声、元気な声や疲れた声で、「ただいまー！」を言い続けた。

おままごとはフリーズ。せいいちろう君は母の問いに一生懸命に答えた。

「お父さんは、お仕事終わってお腹空いて、早くご飯食べたくて帰って来ました」

「いいわね！　では、言ってみて！」

「ただいまー！」

「お父さんの声に聞こえないわ！　少し低い声で言ってみて」

「ただいまー！」

「声は素晴らしい！　あとは子供じゃないから、まーって、そんなに伸ばさない方がお父さんっぽいかもよ！」

「ただいまっ！」

「完璧！　では、続きをお楽しみください！」

母は満面の笑みで満足そうにそう言って去って行った。

他の登場人物はただずーっと、ポカーンと母を見上げていた。

幼稚園でバザーがあった時、お母さんたちは何かお手伝いをすることに。販売するクッキーを作る係、魚釣りや輪投げのゲームの係、食券やゲーム券を販売する係などなど、たくさんの係があった。

子供たちはバザーを楽しみながらも、お手伝いをしてる自分の母親の姿が見たくて、「ママ〜」と手を振りに行く。みんなママが何の係をしてるか知っている。

「ママは何のお手伝いするの？」私も聞いてみたのだが、「内緒よ！　たぶんお庭にいると思う」と、母は答えた。

バザー当日、カンナと一緒に夢中でゲームをしたり、食券でサンドイッチを買って食べたりしていたが、「あっ、ママ！」と母のことを思い出し、急いで靴を履き、園庭にいると言っていた母をカンナと捜しに出た。

庭の奥の方になんとなく母らしき人がいた。その人は手ぬぐいでほっかぶりをし、ゴム手袋をし、大きなトングでゴミを拾っていたのだが、ブツブツ言っている声がなんとも芝居がかっていたのだ。

「ハイ！　ごめんなさいね〜！　ゴミ拾わせてね〜！」

それは紛れもなく母だった。声色を焼き芋屋さんのオジサンみたいに変えて……。私たちは「ママ」と声をかけずに、そーっと園内へ戻った。

のちに母に聞くと、どの係もやれる自信がないので、ゴミ拾いのお手伝いを提案して一人でやることにしたそうだ。どんな時も、明らかに人とは違う母がいた。

「今日こそパパに言おう！　そしたら全てうまく行く！」

ある日、私は意を決して一人、父の仕事部屋の丸椅子に座り、長いこと父の帰りを待った。

すでに部屋は薄暗くなっていた。パチッと部屋の電気が点《つ》いた。

「うわっ、びっくりした！　どうしたの？　電気も点けないで」

目の前に父が現れた。

「パパに大切なお話がある」

いつもカンナの陰に隠れるようにいる私がそんなことを言ったので、父は少しドキドキしたのかもしれない。腕時計を外し、机の上に置いてある缶ピースからタバコを一本抜くとＺＩＰＰＯで火をつけ、ゆっくりと煙を吐いてから「どうした？」と言った。

「あのね……ママは変。みんなのママと違うし、みんなのママができるのにママはできないの！　パパ、助けて！　ママを普通のママにして！」

たぶん、こんなに一度に喋ったのは初めてだったのではないだろうか。私は父が私の頭を撫でる姿や、父が母を叱る姿を思い浮かべながら必死に訴えた。

でも、父はタバコをもみ消すと、ものすごく嬉しそうに私を見て言ったのだ。

「はーちゃん、何を言ってるの？　はーちゃんのママは変なんだよ。普通のことは何もできるわけないし、もし普通にしなさい！　って言ったら、もっと変なことになるはず。だから、諦めなさい。パパも我慢するからあなたもずーっと我慢しなさい」

この不条理が、4歳なりに腑に落ちたのはなんでだったんだろう……。

父は私の味方にはなってくれなかったが、私を味方につけたというわけだ。

その夜、お風呂の中で、やっとそのことを姉に話した。すると、

「だから言ったでしょ！　他のお母さんを見てびっくりしても心配しないでね！　って。ママはおかしなお母さんだから」と姉。

とっくに姉は、父の味方だったのだ。

私が〝待ち伏せ〟した父の仕事部屋で。

父と母のわけわかめな新婚生活

そもそも父と母が結婚したから私が存在しているわけで、その父も母も同じく親がいたから存在しているわけだ。

時代によって、子供だったり、妻だったり、夫だったり、そしてまた親になれば、その親は舅姑や祖父祖母になったりならなかったり……家族という一座のメンバーが、時代ごとに与えられた役をこなしていくのだ。

当たり役もあれば、向いてない役もあって当然だけど、常にドラマは続いていく。

結婚で両家に新しいメンバーが加われば、ドラマの筋書きがどうなっていくのか予想もつかない。

父と母が結婚すると決めた時、両家の人たちは何を思ったのだろう。

母は、当時、前衛的な劇団の一つだった蝙蝠座《こうもりざ》の座付作家と女優の間に生まれ、2歳で映画に出て以来いわゆる普通の子供をやってきていない。父と出会った時は18歳、売れっ子作曲家であった三木鶏郎《とりろう》さんのご自宅にコマーシャルソングのキー合わせに行った時に、鶏郎さんの弟子であった20歳の音大生がピアノに向かって座っていた。それが父だ。

「下は、どこまで出ますか？」

運転手付きの自家用車で現れた人気女優に緊張したのか、若き父は鍵盤を見つめたまま言ったらしい。

待つことどのくらいだったのか、背後からは何の返事もない。もう一度言う。

「下は、どこまで出ます？」

それでも返事がないので、父は鍵盤に手を置いたまま、ゆっくりと振り返り、母を見て愕然としたそうだ。

母は涙目になりながら閻魔《えんま》様を睨むように、舌を「べー」っと出していたのだ。下ではなく舌だと母は思ったのだ。それが父と母の出逢い、馴れ初めだ。

母のモットーは「人生は喜劇的でありたい」である。そのスタートとしては、まずまずだったと思う。

20歳の父のことも少し。父は祖父が50代半ばにできた子で、祖母はそんな祖父の3人目の妻だった。長く海外に赴任した経験がある祖父は、末っ子の父を外交官にすべく麻布中学に入れたのだが、終戦の年に祖父が亡くなると父は外交官への道はとっととやめ、国立《くにたち》音楽学校（当時）へ進学する。そして大学に入ると、家長がいなくなった家計を助けるために、ありとあらゆるバイトをするようになる。

母親が家の電話を売って中古で買ってくれたトランペットを片手に日比谷公園の向かい（今の日生劇場辺り）に行くと、進駐軍のトラックがダンスパーティーのビッグバンドのメンバーを集めに何台も来るのだそうだ。

自前の楽器を持っていると選んでもらえるらしく、進駐軍のトラックの荷台に乗って基地に行き、ダンスパーティーで演奏し、終わると会場に残ったサンドイッチやコカ・コーラをリュックに詰めて帰って来たという。それ以外にも父がこの仕事で手に入れたものは生のアメリカのジャズだったそうで、わざと楽譜に飲み物をこぼし、「書き直して来ます！」と楽譜を持ち帰っては自分用にもう一枚写譜をしてジャズを身に付けたと言っていた。おそらく、そのおかげで鶏郎さんのところでも重宝がられたのだろう。

2歳から銀幕に出ていた母も普通の女の子に憧れ、出版社で原稿取り（〆切を過ぎた原稿を取り立てに作家の家まで行く仕事）のバイトをしたりしていたらしいから、そんな母が銀幕スターさんではなく父に惹かれていったのは、なんとなくわかるような気がする。

「愛想のない男の子なんだけどさぁ、なんか面白かったのよ！ キャンプ行きますか？　とか、映画観に行きましょ！　とか、売れっ子の私にフツーに言うんだもの」

母は、その頃の父のことを話す時は嬉しそうな顔をしていた。

「銀座でデートする時は、銀座通りを挟んで向こう側とこちら側を別々に歩くのよ」

「それってデートじゃないんじゃない？」

「オシャレして同じ景色を見ながら散歩して、ケテルかキャンドルで合流してディナーよ」

水割りを片手に母は得意気に言ったものだ。

母自身、女優になりたくてなったわけではなかったので、普通からかけ離れた銀幕スターの生活への執着はあまりなかったようだが、その時代にもゴシップというものはあり、母は父と街中《まちなか》で腕を組んだり手を繋いだりはできなかったそうだ。

母はオシャレしてお気に入りのレストランへ食事に行くことが何より好きだった。私たちが子供の頃も、グルメでもないし、たいして量も食べられないのだが、母が機嫌が悪い時は父の「行くぞ」の合図で私たちもよそいきに着替えて、母の喜びそうなお店にとりあえず食事に行った。

「昔っから、オシャレディナーが好きだったんだね〜」

若い頃と何も変わらない母に、呆れているといったニュアンスを忍ばせた言い方をしたのだが母は「フフ」と笑っただけだった。

ドイツ料理レストランのケテルも、角の靴屋（私は思い出せず父に聞いてみたのだが92歳の記憶なのでこれも間違ってるかも。銀座は靴屋だらけだったし）の2階にあった銀座キャンドルという洋食屋さんも家族で行ったことがあったので、母の好きな奥まった席で、メニューを見ながら父に話しかける母の姿は目に見えるように想像ができた。

「その頃、パパはどんな格好をしてたの？」と私が質問すると、待ってましたとばかりに母が答える。

「誰よりも早くアイビーよね。ボタンダウンのシャツ、細いストライプのネクタイにネクタイピン、サドルシューズ！」

そんな時、父は大概テレビの野球中継を観ているので話は半分しか聞いていない。自分が答えなくても母が全て喋るとわかっているから。

「ママをガールフレンドに選んだ勇気は大したもんだね」

同じく黙って話を聞いていた姉が、落ち着いた声で言った。父はその時だけ食卓に顔を向け、ニヤッと笑った。

「何よぉ！」話し足りない母が父のニヤッに文句を言う。

テレビのボリュームを少し下げて、父が今宵《こよい》初の発言をした。

「留学しようと貯めていたお金を全てママとのデートに使おうと決めたから、なんでも来いっ！　だったんだよ」

「そんなにママのことが好きだったわけかぁ……」

感慨深い様子のカンナの発言に、もちろん母は満更でもない顔をしていたが、父は待っていました！　とばかりに間を取ってから落語のオチのように言った。

「娯楽がない時代だったんでねぇ」

「プッ！　失礼ねー。私は娯楽だったの？」

お後がよろしいようで。


母を育てた両親は、母とは少し違う意味で普通ではなかった。

人気作家となった父親が自宅の庭で娘を抱いた雑誌のグラビアがきっかけで、母は映画にスカウトされる。美少女だったのではなく、当時の人気漫画の主人公「フクちゃん」によく似ていたからだ。

母の父はたぶん、母が美少女でスカウトされたとしたら、映画への出演は、きっぱり断っていたのではないかと思う。

母はその後、エノケン（榎本健一）さんや（古川）ロッパさん、（柳家）金語楼さんと共演して人気子役となり、そのまま若き女優陣の一人となるのだが、祖父はシリアスな悲劇のヒロインを演《や》ることは許さなかった。

母は祖父に「メイコの顔は、人を楽しませるのに向いている」と言われ「私は美人じゃないってことよね」と言い返したそうだが、ユーモア作家であった祖父は、お涙ちょーだい的な悲劇が嫌いだったのだ。自慢気に人に見せるものではないと。涙は笑顔の奥に隠れているものであり、悲しみや辛さはユーモアで包むべきだと、母に伝えたかったのだ。

祖父は戦時中、軍部による弾圧に反発し、書くことをやめた。そして国民学校なるところへ娘を通わすことは無意味だと、母は小学校を出ると学校には通うことはなく、暇になった祖父が母の家庭教師となった。

「夕焼けは空がはにかんでいるんだ」とか「廃物利用とは、マカロニを作る時に出たものをスパゲッティとするようなことだ」とか。そんな授業だったらしい。

祖父が父の第一印象を「らっきょうに楊枝を刺したような男」と言ったそうだ。祖父は、娘の結婚相手が高級そうなスーツを着て自信満々な笑顔で挨拶に来る男でなくてホッとしたのかもしれない。「メイコが選びそうな男だ」と。

母の母は、夫が書くことをやめてしまってからは、レストランをやったり小さな劇団を主宰したりと、多忙な日々を送っていた。一家の稼ぎ手であったであろう娘の結婚に対してあれこれ言う母親ではなかった。

7人きょうだいの末っ子の父は当時、母親の他に2人の姉とも一緒に暮らしていたが、意外にも女3人はすんなり中村メイコを嫁として迎えた。

千代田マンション（女優の樋田慶子さんが所有していた）で2人だけの新生活を始めるのだが、スター然としてはいない母ではあっても、2歳から働き詰めだったためにやったことがないことだらけの新婚生活だった。

仕事のない日に夕飯を作ろうと「お味噌汁の具は何がいい？」と父に聞いたところまでは新妻らしいが、父に「わかめ」と言われ、さあ困った！　母は、わかめがどこで買えるのかがわからない。まだスーパーなどない時代だ。買い物籠を提げて母は買い物に出る。

「海のものだから魚屋さん？　それとも緑色だから野菜の仲間？」

母が思いつく店は、あとは肉屋くらい。

「お肉屋さんではないわね！」籠にあれこれ入れてはいくものの、わかめは見つからない。

「この辺りで、わかめを置いてるお店はありますか？」

新婚の母の問いに、八百屋のおじさんが「メイコちゃん、あの角を曲がると乾物屋があるよ」と教えてくれた。「カンブツ……？」母は、緑色をしたペラペラしたわかめを思い浮かべていたのだが、わかめと渡されたのは、黒い干からびた蛇のような塊だった。

「お世話様！」無事にわかめを手に入れて帰ってきたものの、どうすれば緑色のペラペラになるのかさっぱりわからない。

「えーっと、まずはよく煮ないとダメね。洗ったってカチカチだもの」

とりあえず大きな鍋にお湯を沸かし、買ってきたわかめの塊を投げ入れ蓋で押さえた。弱火で煮ることどのくらい経ったのか、エプロンをして台所に立つ母を見た父が、「うわっ！」と声をあげた。

巨大化したわかめの塊が、お鍋の蓋を押し上げ床に向かって伸びていたのだ。

「あらやだ！　わかめって生きてるみたいね」

父はとりあえず垂れているわかめを鋏《はさみ》で切ると、それを小さく切って笊《ざる》に入れた。山盛りのわかめだ。

「これが探してたわかめだわ！」

新婚生活は毎日わかめの味噌汁となったらしい。

母は新婚早々に一つ学んだものの、このような事態はその後60年、度々起こることとなるわけだ。

新婚当時の父と母。

世にも恐ろしき昭和ナイトと絨毯バー

私が生まれてから結婚して家を出るまでに神津家は5回引っ越しをした。父は、稼ぎが良い時に家など建てたら後々侘《わび》しくなる、その時の状況にあった家を借りて住もうじゃないか、という考えだった。

麹町、代田《だいた》、新橋、成城3丁目、成城5丁目、そして父は50歳を過ぎて初めて世田谷区上祖師谷に家を建てた。理由は両方の祖母を引き取ることになり、家族5人にお手伝いさん2人、祖母に各1名付き添いさんの計11人で住める借家が見つからなかったからだ。

それまでにも、我が家のリビングに大勢の人がいることはよくあったが、時代によってその形を変えていった。

私が初めて住んだ麴町の家のことは、記憶にはない。子供が2人になったことで代田の家に引っ越した。代田の家では、たびたびホームパーティーなるものが開かれていた。1960年代のことだ。

母は「靴のまま上がっていただかない？」と父に提案した。

「だってね、靴までがファッションなんだから、靴を脱ぎたくない女性は多いのよ！」

「それは理解するがね、奥の部屋は畳だから、穴だらけになるだろ」

こんな会話が普通に交わされる父と母だった。

その日も朝から、掃除機の音、「奥様～」とあちこちから母に指示を求めるお手伝いさんの声、「毎度っ！」と威勢よく勝手口にお酒や食材が届く音。それは、なんだかワクワクする賑やかさではあったが、私にとってはそれ以上に毎回何度も溜め息をつく一日の始まりだった。

夕方の5時を過ぎると、若いお手伝いさんたちはお揃いのユニフォームに着替え、私たち子供も、よそいきの服に着替えさせられた。ボーイッシュだったカンナは、母の服を作っているテーラーで、仮縫いをして作ってもらったマエストロ風のパンツスーツに。私は、アメリカにいる叔母が送ってくれた、スカートの中にペチコートが付いた淡い紫色のオーガンジーのワンピースに。

「きれ〜い!」

クルッとすると、フワッとスカートがついてくる。ジャンプすると、体より少し遅れて静かにスカートが着地する。

「バレリーナみたい」

私は家の中をクルクルしながら歩き回った。

余計な物が片付けられて広くなったリビングの床に、そーっと靴下を隠すように座ってみた。本当は三重にレースが付いた靴下を穿《は》きたかったのだが、

「ドレスもヒラヒラで靴下もヒラヒラは変よ!　はづきは本当にヒラヒラが

好きね」

と、母に何も付いてない白い三つ折りの靴下をはかされたのだ。

綺麗にスカートの裾を広げると、絨毯の上に大きな円ができた。円は内側のペチコートで膨らみ、裾に一周刺繍されたたくさんのスミレの花が、朝靄《あさもや》の中に本当に咲いてるみたいだった。

ドン！　スカートから音のした方に視線を上げると、目の前に大きな姿見が置かれていた。鏡の中には、少しびっくりしている私がいて、姿見の両側には真っ赤なマニキュアの細い指がある。

「ママだ！」

姿見の背後から怖い表情をした母が顔を出した。

「見える？　鏡の中の自分をよ〜〜く見なさい。ドレスじゃなくて自分をよく見るの。わかる？」

わかるわけがない。ポカンとしている私に母は言った。

「あなたはお姫様ではないし、美人でもない。クルクル回って絨毯の上に座っていられるのは、誰が見ても美しいと認める女の子だけよ！　残念だけどあなたは違う。だから立ちなさい！　手伝いなさい！　そこにいては邪魔なだけ」

あの時、私はどんな気持ちがしたんだろうか……息を止めていたからか記憶がない。でも、この母の言葉が良くも悪くも私の人格形成に大きく影響したのは間違いない。これ以後、私は自分が美しいと錯覚したことは一度もない。

私は、ドレスがヒラヒラしないように手で押さえながら、母が姿見を持っていったのと反対の方へ歩いた。

玄関に続く廊下に姉が座って何かを作っていた。

「何してるの？」

「私、下足番だから札作ってんのよ！　わかる？　下足番って、お客様が帰る時にすぐに靴を出せるように、脱いだ時に番号札を渡して、同じ番号の札を洗濯バサミで靴に付けておく仕事」

カンナが下足番なんて。やはり言うしかないと私は思った。

「あのさ、ママってさ、本当は継母《ままはは》だと思うの」

ハハハ。姉は乾いた笑い声を上げ、顔を上げないまま言った。

「継母か〜。じゃあ、はーちゃんはシンデレラってとこだね！」

姉は忙しそうに下足札を作り続けていた。

ピンポーン。最初のお客様がやって来た。

「こんばんは！」

母に負けないくらい香水の香りをさせ、目の上がプール色のお客様は有名プロダクションの社長さんだ。

「お久しぶりです。お靴こちらでお預かりしまーす！」

カンナは下足番になりきっていた。下足札を両手で渡し、ペコリと会釈をすると脱いだ靴に同じ番号の札を洗濯バサミで挟んだ。そのなりきり方が、どこかちょっと母みたいだったので、カンナは女優になりたいのかも！　と思った。

「私も下足番やりたい！」

女優になりたいわけではなかったけれど、姉の近くにいたかったので言った。

「えー、ダメだよ！　はーちゃんの仕事はシンデレラなんだから、舞踏会に行っといで」

継母に叱られないように二度と座ることなく、リビングを静かに移動し続け、大勢の人にドレスを褒められ、頭を撫でられ、母とすれ違う時だけは、ちょっとスカートの膨らみを手で押さえて過ごした。

パーティーが終わり最後のお客様が帰るまで、カンナは下足番として働いた。

「あー、終わったー！　はーちゃん、麦茶でも飲むか！」

台所で麦茶を飲んでいると、台所に母が入ってきた。いつも通りの酔っ払いだった。

「カンナ〜、ご苦労様。はづきも……ご苦労様。楽しかった〜？」

私たちは、小さく溜め息をつきながら顔を見合わせて笑った。

こうして長い夜は終わるのだった。

新橋の家は雑居ビルの8階で、ワンフロアには2LDKが3戸あったが、そのワンフロア全ての部屋を借りていた。エレベーターホールには、その3戸それぞれの住居に入るドアの前にもう一つ鍵のかかるドアがあった。そのドアのおかげで3戸の前の公共の廊下が我が家の廊下となるわけだ。借りている分際でそんなことができる？　ぼんやりとした記憶の中でそんな疑問が浮かぶ。でも確かにエレベーターを降りると鍵のかかるドアがあった。

中に入り、1戸目のドアの中には父の仕事部屋と居間と両親の寝室。2戸目のドアの中には、台所と食卓、お風呂、4人のお手伝いさんの部屋、そして私たちの子供部屋。3戸目のドアの中は、衣装部屋と、祖母の部屋。3戸を繋ぐ廊下には、アメリカ製の巨大な冷蔵庫と、シーソーと、そそり立つ靴箱の壁があった。

なぜこんな家に引っ越したかというと、祖母（母にとっては姑）と一緒に暮らすことになったことと、生放送のレギュラーが多い母が移動に時間を要さないように、そして子供たちの学校生活を優先するためだったようだ。人が大勢来ても、年寄りと子供に迷惑がかからない家。お手伝いさんも2部制の4人に増やし、早番さんは子供たちの時間帯に合わせ、遅番さんは父母の時間帯に合わせて働いてもらうようにした。立派な計画ではあったのだが、これによって我が家は地獄絵と化することになったのだ。

廊下を挟んで、2枚の鉄の扉で閉ざされていれば、ドンチャン騒ぎをしても子供たちにも祖母にも早番さんにも迷惑はかからない。それ〜！　と言わんばかりに、母は仕事が終わるとたくさんの人を引き連れて帰って来るようになった。いつしか「新橋の8階」が符牒《ふちょう》のようになり、もはやエレベーターから一番近い親の扉の中は、店になっていた。ホームパーティーの時代は終わり、絨毯バー・メイコの時代の到来だ。

中で何が起きていたのか私は知らないので、ここに詳細を書くこともできないのだが、何回か夜中に目が覚めて眠れなくなり、親ゾーンの扉の前まで行ったことがある。ノックをしてみたが、返事があるはずはなかった。鉄の扉の中からは母の笑い声と、大勢が大きな声でいっぺんに喋っている騒音……ドアに鍵はかかっていないが、中に入る勇気はなかった。

そして翌朝、カンナと私は地獄絵を見ることとなる。

毎朝、小学生のカンナと一緒に幼稚園に行くので、父と母に「いってきます」を言いに親の寝室に行く。鉄の扉を開けて一段上がるとピアノのある父の仕事部屋、その奥に絨毯バーがあるのだが、そこはミケランジェロの天井画の如く絨毯に人が張り付いて蠢《うごめ》いていた。

私たちは、迷路のように人を踏まずに親に辿り着く道を探した。爪先《つまさき》立ちでカンナの後に続くのだが、時々バランスを失い誰かの足の指とかを踏んでしまうと、「んぎゅっ」と、変な声がした。

やっとこさ両親の寝室に辿り着いて襖を開けると、大きなベッドに大概3人が寝ていた。父と母と美空ひばりさん。3人の時は、ひばりさんが真ん中で、父はベッドから落ちるギリギリのとこで辛そうな顔で寝ていた。

「ひばりはセンターよ」と、真ん中はひばりさんと決まっていたらしい。

「いってきま〜す」カンナと入れ替わりで両側に言いに行く。

「ハイ。気をつけて」「おはよう」苦労して辿り着いた割にはそっけない返事だったが、そういうもんだと私たちは思っていた。

だが、父が地方の仕事でベッドに寝てない日はドキドキした。

ひばりさんと母は背格好がよく似ていて、しかも必ずひばりさんは母のネグリジェを着ているから、どちらが母だか本当にわからないのだ。

カンナとしばらく眺め、カンナが指差した方に「いってきます」と言う。

大概は当たり。が、間違えると「あっちっ！！！」と、ひばりさんが低い声で嫌そうに言う。「ごめんなさい！」と小さな声で謝ってから反対側へ移動する。

朝のひばりさんは機嫌が悪い。そして地獄絵を脱出し、エレベーターに乗って外に出ると、ビルの前にはお迎えの車がずらり。

「お嬢さん、まだ寝てました？」

ひばりさんのキャデラックの横でお付きの範子さんが言う。

「まだぐっすりです」

カンナが答える。

「ありがとうございます。いってらっしゃい！」

「誰が絨毯に張り付いてたんだろうね。またショーケンもいたのかなあ」

お迎えの車が多い時、カンナはいつもそう言った。

「ショーケンって誰？」

「唯一かっこいいお客様だよ」

萩原健一さんはその頃、まだ10代だったと思われるが。ま、そういうわけで絨毯バー・メイコは、大繁盛だった。

泥棒が我が家から盗んだのは100万円と

成城で2軒目の借家は、ちょっと変わった家だった。真四角で玄関はお店のように両開きのガラス戸になっていて、閉めていても中が丸見えだった。そのかわり表側にはほとんど窓がなく、1階と2階のお風呂に小さな窓があるだけだったので、玄関のガラス戸にカーテンさえすれば、中の様子は全くわからなかった。

2つの小さな窓以外のコンクリートの外壁はなぜか水色に塗られていて、友だちからは〝水族館〟と呼ばれていた。中に入ってしまえば水色は見えないので、言うほど気にもならなかったが、なぜこの色に塗ったのか、家に帰るたびに不思議に思うのだった。

窓のない表側に対して、南側の庭に面した裏側は全面ガラス戸で、8メートルはあろう大きな窓からは庭の全容を眺められた。もともと外国人向けに建てられた家らしく、庭は純和風庭園で、大きな百日紅《さるすべり》の木の奥には池があり、池の奥の高台では立派な枝垂桜《しだれ》が池に枝を垂らしていた。

父は夜に仕事場から帰って来ると、閉めてある庭側のカーテンをザザーッと全開にし、庭の灯りを点けた。百日紅や枝垂桜にライトが当たるようになっていたので、確かにカーテンを閉めているのはもったいない家だった。


そんなある日、帰って来た父が食卓の横にある小引き出しを開けて、「泥棒が入ったな」と言った。その引き出しの中には、翌々日からニューヨークに留学中の姉に会いに行く母のために父が用意したお金、100万円分の米ドル札が入った銀行の封筒がしまってあったのだが、それが消えていたのだ。

成城署から、ドラマに出てくるような、見るからにベテランとおぼしき年配の刑事と20代の若い刑事の2人組がやって来た。その日、我が家にいたのは私、両親、弟と祖母、お手伝いさんが2名、それと私の同級生が泊まりに来ていた。

ベテラン刑事は、まず父にこう聞いた。

「なくなったお金は、誰の物で何のために使うご予定でしたか？」

「アメリカにいる長女のところに行く家内のために用意した私のお金です。昨晩持ち帰り、家内にだけ話して、この引き出しに入れました」

父の説明を聞いたベテラン刑事は、少し眉をひそめて言った。

「いつもあるお金ではなく、大金を持ち帰ったその日にたまたま泥棒が入るというのは不自然な話ですねぇ」

刑事は家にいる全員をリビングに集めるよう、丁寧に父に言った。刑事が家に来る一大事が起きている中、リビングにいなかったのは母だけだったが。

刑事は〝内部犯行説〟を疑ったのだ。

父と母は白とされ、祖母、私、弟、お手伝いさん2名、そして運悪く泊まりに来ていた同級生、この6名が疑われることとなった。

後から聞いた話だが、ベテラン刑事は父の耳元でこう言ったそうだ。

「大変失礼なんですがね、2番目のお嬢さんはそういった癖《へき》がおありですか？」

「たぶん、ないと思います」（おーい！　たぶんってなんだよ〜）

「よろしいですか？　いつもお風呂場の窓だけ換気のために少し開けたままにしているのですが、今朝、掃除をした時に、窓の内側に泥が付いていたんです。もしかしたらそこから入ったのかもと思って」

疑われているお手伝いさんの一人が言いに来た。

お風呂場を見に行ったベテラン刑事は戻って来ると、

「とりあえず、ここにいる全員の指紋を採らせてください」

と若い方の刑事が鞄から何やら取り出し準備を始めた。

そこに、コツ、コツ、コツ。階段をヒールのあるスリッパで下りて来る音がした。ようやく母のお出ましだ。セットしていない髪をターバンで隠し、すっぴんを大きなサングラスで隠し、湯上がりのネグリジェを長いコートで隠し……天知茂扮する明智小五郎に「犯人は私よっ!!」と告白するマダムさながらの劇的な登場だった。

「私も疑われてますの?」と母。

ベテラン刑事が申し訳なさそうに、「いえいえ、犯人の指紋を特定するためにご協力ください」と軽く頭を下げると、指紋を採取するために母を自分の前の椅子に座るよう促した。

ところが母は、ひょいと身をかわし、椅子取りゲームの達人のように隣の若い刑事の前の椅子に座った。

「だって、指を触られるんでしょ?」

母が小声で私に言った言葉を、ベテラン刑事は聞こえないふりをしていた。

申し訳ないので、私と友人の女子高校生2名がベテラン刑事の前に座った。

数ヶ月後、成城界隈を荒らし回っていた泥棒が捕まったと警察から連絡がきた。我が家に盗みに入ったことも自供したのだという。

ここから先は、母がベテラン刑事から聞いたと言って、会ったこともない泥棒の口調で私に話したこと。

「あの家は有名人の家だからよ、1ヶ月くらいは庭に隠れて毎晩観察してたんだよな。都合のいいことによ、旦那さんは帰って来ると庭側のカーテンを全開にしてくれてよぉ！　こっちにゃ好都合よ、全部見えましたからねぇ。ま、庭も灯りが点くからじっと隠れてたけどね。旦那さんは酒飲まないようでね、だいたいプロ野球ニュースが終わると、部屋の明かりも庭の灯りも消してカーテンをきちんと閉めて寝るんだよ。ところがさ！　旦那さんが寝ると娘が毎晩現れて、カーテンをまた全開にすんだよ！　それも、いっつも水着でさ、音楽鳴らし始めて踊る、踊る！　なんか、俺に向かって笑顔で踊りまくるんだよ！

鏡がわりなんだろうけど、毎日2時間見させられるのはキツかったねぇ！」

泥棒は犯行当日、帰宅後にアメリカドルを数え、引き出しにしまう父を確認。

さらに友だちが泊まりにきているために笑顔の2時間ダンスをお休みする私を確認すると、「しめたっ！　となったわけよ」と。

我が家に限らず、お金は返ってこなかったが、最後にベテラン刑事は「ご家族が無事で何よりでした」と言ったらしい。

いやいや、1ヶ月毎晩レオタード1枚で泥棒に笑顔振り撒いて踊っていた私は無事ではないでしょ！　酷《ひど》すぎる泥棒……。

「私も得意のチャチャチャでも踊ってあげればよかったわぁ！　ねぇ、よくナイトクラブで2人で踊ったわよね！　まだ踊れる？　チャチャチャ！」

母がステップを踏みながら父に近づいていく。

100万円が返ってこない父に、踊る気力などあるわけがなかった。

ひばりさんちで日本舞踊を習う

生前、母は何かといえば、〝ひばりさん〟との話をしていたので、それを覚えていらっしゃる読者のかたは、母には他に友だちはいなかったのかとお思いかもしれませんが、はい、娘の私が知る限り、生涯を通して友だちと言える人は母にとって〝ひばりさん〟だけだったと思います。

87年という俳優人生なので、出会った人の数は想像を絶するであろうし、晩年は黒柳徹子さんをはじめ、草笛光子さん、浅丘ルリ子さん、伊東四朗さんと、電話やガラケーのメールでお話ししていたようですが、母は学校というものは小学校しか知らないし、すでに子役として働いていたので友だちと連《つる》んで遊んだ経験がない。待ち合わせをして買い物に行くとか、食事に行くとか、友だちの家に泊まりに行くとか、やったことがない。

車椅子の生活になってから自宅で一人お酒を飲んでいる時に、テーブルに置かれた携帯電話のボタンを押せば知り合いの電話番号が出てくるので「こりゃ便利！」と、用もないのに電話をかけるようになった。母はそれで充分楽しかったようで、仕事場で会う方々に「今度飲みましょ！」「家に遊びにいらっしゃいよ！」と誘いはしたものの、誰とも具体的な約束をしないままだった。

若い頃は酒豪番付の大関以下にいたことがなく、毎晩誰かれ構わず大勢引き連れて飲み歩いていたから、もう気が済んでいたのかもしれない。でも、もしひばりさんがいたら、母は楽しかっただろうなぁ……と思う。36年前、母に友だちはいなくなった。

1952年、母は3歳年下の15歳のひばりさんと月刊誌の対談で初めて会った。2人ともすでにスターであったし、母はおそらく父に出会った頃で、対談の中で母は「私たちだって、普通の女の子みたいに街を男の子と歩いたりしてみたいわよね！」と言ったそうだ。

するど、ひばりさんは、

「私はそうは思わないわ。ファンの皆さんを悲しませることはできないもの」

とキッパリ答えたという。

お互い幼くして有名人となり、さぞかし気が合うだろうと思っていた母は、

「なんだ、この15歳は！」

と仰天し、この人とはとても友だちになれそうもないと思ったそうだ。

それから5年後、1957年に母は23歳で結婚し、ひばりさんもまた1962年に25歳で結婚したのだが、ひばりさんは2年で離婚している。

そんなある日、ひばりさんのお母さん・喜美枝さんが突然訪ねて来られ、

「折り入ってお願いがあるの。お嬢に普通の家庭生活というものを見せてやり

たいのよ。休みの日に時々ここへ寄越してもいい？」

とおっしゃったそうだ。

以来ひばりさんは、本当によく我が家にやって来ることになるのだが、我が家がはたして〝普通の家庭生活〟だったかどうか。

私が生まれたのが1962年だから、私にとってテレビを通しての美空ひばりを認識するまでは、生まれた時からしょっちゅう家にやって来る母の友だち、親戚のおばちゃんみたいな存在だった。

ひばりさんは、私によく服を買ってくれた。今でも鮮明に覚えているのは、真紫のベルベットのワンピースで、銀色のリボンがプレゼントみたいに十字に付いていて胸の真ん中辺りに大きく蝶々結びされていた。共布《ともぬの》で銀のベールが付いた、皇室のかたがかぶっているようなお帽子もあった。

4歳の私は、どこか見知らぬ国のお姫様のようなその服に目を輝かしてウットリしたのだが、母は、「うわぁ」と声にならない声で言った。

母が選ぶ服とはだいぶ違っていたからだろう。子供ながらに、なんとなくわかる気がした。その証拠に、母は私にその服をあまり着せたがらなかった。だから私は、ひばりさんが家に来るとわかると、必ずその服に着替えてお帽子もかぶって出迎えた。

ひばりさんは、「うぅ〜〜〜！」と顔をくしゃくしゃにして、すごく嬉しそうに抱きしめてくれた。そのワンピースとセットになって、ひばりさんの甘〜い匂いは今もはっきりと思い出せる。

ある時、10歳にして詩集を出版することになったカンナのパーティーのために、母の服を仕立てているテーラーで私たちも服を仕立ててもらうことになり、生地見本をたくさん抱えてテーラーさんがやって来た。

たまたま我が家にいて、母と一緒に生地見本を見ていたひばりさんが、

「なんか地味じゃない？　無地ばっかり〜！　スパンコールとかないの？」

とテーラーさんに尋ねると、母が、

「あのねぇ、うちの子はステージで歌うわけじゃないからねー！」と言って、主役のカンナには、光沢のある白い生地のワイシャツと黒いパンタロンと決めた。

カンナが主役のパーティーでオマケの私には「なんか、なんの飾りもないストンとしたワンピースがいいわ！」と母が生成《きな》りのタフタ生地を手に取ったので、たぶん私は「あーぁ」って顔をしたのだと思う。

「はーちゃんは私と好みが似てるからさぁ、2人で決めていい？」

とひばりさんが助け舟を出してくれた。

ひばりさんと2人で決めたドレスができあがってくると、母はまた「うわぁっ！」と言った。

コバルトブルーのロングドレスは提灯袖《ちょうちんそで》で、胸元には白いレースのフリフリが付いていて、レースの真ん中にキラッキラの飾りボタンも3つ付いていた。

そして私を見て、「おかっぱじゃねぇ」と言うと、私の頭に鏡餅みたいなへアーピースをのせ、キラッキラのひばりさんの髪飾りも貸してくれた。

　パーティーの日、キラッキラの私を見ても、母はもう何も言わなかった。

「ねぇ、はーちゃんに日本舞踊やらせようよ！」

　ひばりさんの一言で、幼稚園の帰りにひばりさん家《ち》に行って日本舞踊を習うことになった。先生は、ひばりさんの振付をしている偉い先生のお弟子さんで、綺麗な女の人だった。

　ひばり邸の大きなリビングは真っ赤な絨毯が敷きつめられていて、いくつも並ぶ大きな一人掛けの椅子には毎回、ひばりさん、ひばりさんのお母さん、父と母がそれぞれ座っていて、遅れて学校帰りのカンナが絨毯に座っていた。

「ママ、何を踊らそうか？」

　ママとは私のママではなく喜美枝さんのことだ。

「やっぱり越後獅子をやらせたいけどねぇ、はーちゃんは妙に女っぽいからちょっと違うかなぁ～」

「藤娘やらすか！」

「うーん、それはちょいと早いかな～。女の子らしいものがいいよ。あっ、手《て》習《ならい》子《こ》にしよう！」

「うぅ～、いいね、ママ！　手習子！　決まり！」

寺子屋の帰り道、道草をしながらチョウチョを追いかけたり、コヨリを作って恋心を表現したり、多感な少女の日常を踊りにしたものだ。

先生に教わった通り、お扇子を膝の前に置き三つ指をつき、三角の中に鼻が入るみたいにお辞儀をすると、「ママ、見て見て！　綺麗にお辞儀しちゃって～」と2人は大喜び。

持ち道具の傘をさせば、「ママ、傘さしてる～！」。傘を回しながら足を後ろに滑らせれば、「ママ、おすべり！　おすべり！」。私が動くたびに、ムームーを着たひばりさんは顔をくしゃくしゃにして隣のお母さんに声をかける。

お稽古が終わると、私たちには千疋屋のゼリーが、母とひばりさんにはもちろん水割りが出てきた。ゼリーを食べようとカンナの隣に正座をしたら、私の真新しい足袋の裏が絨毯で真っ赤になっているのが見えた。

日本舞踊には全く興味がなさそうなカンナが、隣でゼリーのスプーンをお皿に置くと神妙な顔つきで言った。

「やっぱり千疋屋のゼリーは口溶けがいいですねぇ」

やっぱりカンナの言葉で大人たちはみんな大声で笑った。それでも、いつも姉の後に隠れている私が、みんなに注目されるのは初めてだったと思う。実は案外気分がよかった。

1985年頃、ひばりさんと。

お正月にひばりさんと観た映画の結末は⁉

母は向こうでひばりさんに会えただろうか。父は母に、亡くなる前から、そして今も「すぐに行ってやるから、待ち合わせた場所で待ってろよ！」と言っているけれど、私は、ひばりさんに会えて昔のように2人で飲み歩いていたらいいなぁ、と内心思っている。

2人は、芸能人同士の上辺《うわべ》の付き合いではなく、いつだってグラスを片手にキャッキャ、キャッキャと2人だけの世界を楽しんでいた。まるで女子高生のように（2人とも女子高生をしたことがなかったからかなぁ）。

2人して長襦袢《ながじゅばん》一枚の姿で千鳥足で帰って来た時は、「みんなあげちゃったのー」「長襦袢もあげちゃったら楽屋襦袢にステテコだから帰ってきたんだよねー」と、簪《かんざし》もなくなった頭からかもじが飛び出しているお互いの姿に大笑いしていたし、飲んだ翌朝に、スキー合宿に行くカンナを渋谷のパンテオン前（渋谷駅東口の東急文化会館1階にあった巨大な映画館）まで送って行かなければならず、「私も行くよ！」と、ひばりさんのキャデラックでカンナを送って行くことになった時も、やっぱり2人は後部座席で「気持ち悪～！」「メイコ～、私もよ～！」と、悶え苦しみながらもキャッキャと笑っていた。

赤坂に出ていた屋台で飲んでいた時は、「そろそろ店じまいで」と言う屋台のおじさんに、「一緒に飲もう！」と誘って、3人で屋台をひばりさんの家の前まで引っ張っていき朝まで飲んだとか、そんな話は尽きない。

おおらかな時代と言ってしまえばそれまでだけれど、今思い出しても笑ってしまう天晴《あっぱ》れな酔っ払いだった。

昭和40年代、ひばりさんは何度もＮＨＫ紅白歌合戦の大トリをされていて、ひばりさんは自宅で紅白を観ながら支度をし、大トリの何番手か前になると、衣装を着た姿でキャデラックに乗って会場の東京宝塚劇場に向かわれていた。

その頃何年か私たち家族は大晦日をひばりさんのお宅で過ごしていたのだが、私はキラキラになっていくひばりさんを少し離れた所から見ているのが好きだった。付き人の範子さんが描く茶色の眉、漆黒のアイライン、オレンジの口紅が完璧なひばりさんを作っていくのだ。ひばりさんを見送り、ひばりさんの家のリビングにあるテレビの前で大トリのひばりさんの登場を待った。

カンナも私も赤い絨毯の上で寝てしまうこともあったが、「ママ、ただいま！」と声を上げてひばりさんが帰って来ると家中がにわかに活気づいて、玄関のベルは鳴り続け、「あけましておめでとうございまーす！」とあちこちから聞こえてくる新年の挨拶で目が覚めた。そしてそこから新年の大宴会が明け方まで続く。私とカンナが、「この人はこんなにすごい人だったんだ‼」と気づいたのもこの頃だったかもしれない。

それから約10年後のお正月。我が家では父が新年早々のコンサートを控えていた関係で、大晦日から三が日を都内のホテルで過ごしていた。自宅にいると来客が絶えず仕事ができないからだ。

父は机で五線紙に向かい、カンナと私はテレビ三昧、母はスィートルームのソファに優雅に座って退屈そうに一人お酒を飲んでいた。

まだ携帯電話などない時代、フロントから電話がかかってきた。

「フロントでございます。メイコ様に美空ひばり様からお電話です」

母は嬉しそうに「どしたのよ！」と電話に出ると、

「たぶんさぁ、メイコが退屈してんじゃないかなぁ〜ってさ」

それからしばらくして、ひばりさんはやって来た。

人目を気にすることなくルームサービスを頼み、キャッキャ、キャッキャ！

席を立ちづらそうにしている父に「神津さん！　仕事しなさ〜い！」とひば

りさん。

お正月だからと、トランプで母でもできるババ抜きと神経衰弱を私たちとしては笑い、雑誌の付録の福笑いを弟としては笑い、私もカンナも、そんなひばりさんが大好きだったし、ひばりさんと遊んでいる時の母も好きだった。

2人はブランデーを飲む、飲む、飲む。密室だからと、あの男は老けただの、あの女がシワシワになっただの、有名芸能人のことを酒のつまみにしてはキャッキャ！　と笑っていた。

カンナが新聞のテレビ欄に、昔のひばりさんの映画を深夜0時から2本立てでやるのを見つけ、ひばりさんに伝えると、

「あらぁ、カンナが見つけてくれたんじゃ観なきゃねー！」

と、ひばりさんは泊まって行くことになった。

深夜、テレビの前に全員が集まった。女4人はソファを背もたれにして床に座った。まだ小さな弟も頑張ってソファに座っている。仕事を終え、父もソフ

ァの後ろにある少し離れた椅子に座った。

映画会社のマークが画面に映ると、女4人で「イエーイ！」と拍手をした。

映画が始まると、映画の中のひばりさんと一緒に母が大きな声で唄い始めた。

「これこれ、石の地蔵さ〜ん」

「ママ、うるさい！」

「ひばりさんの歌が聞こえないよ！」

母は、カンナと私に言われ静かになった。

ひばりさんは私とカンナの太ももをポンポンと叩いた。「いいよいいよ」って合図だ。

コマーシャルの時に、ひばりさんが振り返って、「見て見て、善之介が寝ちゃってる。可愛いね〜。遅くまで悪かったね〜」と、鼻の頭を撫ぜた。

1本目の映画が終わり、2度目の拍手。カンナが、ひばりさんと母の間に置かれたアイスペールに氷を足す。2本目のブランデーも、あと10センチほどしか残っていないので、カンナが3本目をひばりさんの近くに一応置いた。唄わせてもらえなかったせいか、母はだいぶ酔っ払っていた。

「メイコ～！　今のうちに唄おうよ、これこれ石の地蔵さ～ん、西に行くのはこっちかえ～」

ひばりさんの唄に少し遅れながら母は大声で唄った。2本目の映画が始まる頃には、弟は父にベッドに運ばれていたが、まもなく父もひばりさんに気づかれないように、ベッドのある部屋へ匍匐《ほふく》前進して逃げた。

「男はさ、チャンバラかヤクザもんじゃないと眠くなるんだね！」

どうやら、ひばりさんは後ろにも目が付いていたようだ。

「ひばりさんって優しいよなぁ」

私も、そう思ったのを最後に記憶がない。

翌日、カンナの話によると、私と母は両脇からひばりさんの肩に寄りかかって寝てしまったらしい。

起こそうとすると、ひばりさんは、

「寝かしとこうよ。見てごらん、2人とも安心した顔して寝ちゃってさ。今日はカンナと2人で観よ！」

と言い、映画が終わると迎えの車を呼んで、カンナだけに見送られて泊まることなく帰られたそうだ。

翌朝、宿酔《ふつかよ》いの母にカンナが無表情で言った。

「たった一人のあなたの友だちですよねぇ。最後まで観ないで、しかも寄っかって寝るとは何事ですかっ！　少しブランデーの量を考えようとは思わなかったんですか？」

「ありゃりゃ、怒られた！　ブランデーの量を考える？　できないよー、うん、できない。だって、あの人と飲んでる時が一番楽しいんだもの」

真面目な面持ちのカンナに母はシラッと答えた。

しばらくして、部屋の呼び鈴が鳴った。ひばりさんの運転手さんが「お嬢さんからの昨夜のお礼でございます」と立っていた。

紙袋から、母が飲んでいたブランデーが2本出てきた。

「ほらね、私の友だちはカッコいいでしょ！ 楽しかったってことよ！」

その横に大きめの封筒が入っていた。その中身は前の晩、母と私が途中で寝てしまった2本目の映画のVHSテープだった。直筆のメモが付いていた。

〝最後まで観てないから、はーちゃんと観てちょーだいな！ 森の石松じゃない方よ ひばり〟

「ほらね、私のママはカッコ悪いね～」

得意気にカンナが言うと、母は仕事をしている父のところに、「ホテルでビデオって観れますか～？」と、小走りで聞きに行った。

母がくれた
キラッキラのものさし入れ

今でこそ、母が私の母であったことを楽しかったと思えるようになったが、それは裏を返せば、母が私の母で大変だったということなのだ。もちろん、我が家に限った話ではないということはわかっている。何人かの友だちに言われたことがあるから。

「あなたのママはさぁ、有名人だし女優だから諦めもつくからいいじゃない！うちのママはさぁ、地味〜な専業主婦なのにさ、むっちゃ女優よ」

良い妻役は完璧に熟《こな》すが、母親役にはあまり興味がないという母親は結構いるようだ。

でも母が亡くなって気づいたことは、母親役を完璧に熟す母ってつまんない母親なのではないかということと、母親という役柄にはさして興味がないのに彼女なりに母親をやっていたことが人間ぽいなぁ、ということ。母はその日の気分で山岡久乃風だの池内淳子風だのいろんな母親を演《や》ってはみたものの、結局いつも中村メイコだった。中村メイコが母だったのだ。

もしも母が中村メイコをないがしろにして完璧な母親役を演じていたとしても、子供はそんなことで立派には育たなかっただろう。

母親のお腹の中から母と一緒に生きてきているのだから、本能で母がどんな人かを知っている。それでもお互いなかなか諦められないところが、親も子も今生の修行なのかもしれないが。

私の母には、できないことがたくさんあった。でも「できない」と自ら言うことはまずなかった。だから、結果を見て「あ、できなかったんだ」と知る。役者という仕事は、三味線が弾けなくても弾いてるように見えれば良い、みたいなことが多いから職業病と言えるのかもしれないが（できる＝できてる風）、子供の私には受け入れ難いことが度々あった。

私が子供の頃、ムームーというものが流行っていた。常夏の島ハワイの服といえばいいのだろうか、今はスパリゾートハワイアンズに行くと着られるムームーは、私の憧れだった。

ムームーをいつもジーッと見ている私に気づいた母が、

「ムームー着てみたいの？」

と言った。頷く私に「フンフン。はいはい」と曖昧な返事をした母だったが、私の部屋に翌朝、丈を私用に直したムームーが掛けてあった。

私は「うわ〜！」と大喜び。その日はちょうど近所のお祭りだったので、ムームーを着て出かけた。浴衣を着た近所の友だちに羨ましがられながら盆踊りの輪に入り踊っていると、時々、足首の辺りがチクチクする。

「なんだろう、蚊かな〜?」

盆踊りの輪は進んで行くので、裾を持ち上げてみたり、蹴飛ばしてみたりして我慢していた。

盆踊りが終わり輪から出た私は、出店の裸電球の下でムームーの裾をめくってみた。なんと、足首辺りにいくつもの小さな傷ができていて血が滲んでいた。

母は、ムームーの裾上げをホチキスでしていたのだ! なんてこった! せめて足首側に針の返しがこないようにするべきなのに、見た目重視のためか内側に折り返された無数のホチキスの針先があったのだ。


ある日、母が「マクドナルドって美味しいの?」と言うので、成城学園前の駅前にできたばかりのマクドナルドへ2人で行った。

母は、駅の券売機で切符を買う時やバスで乗車賃を払う時に、思考回路が停止する。どうやらマクドナルドのカウンターでも停止したようだった。そんな時、私は「何事も経験が大切」と思って、手助けをしないと決めていた。まぁ本当は、母のためというよりは、日頃の仕返しのようなものだったので、その日も真後ろに並んだ他人みたいにしていた。

カウンターの上に置かれたメニューを食い入るように見つめた母が言った。

「ハンバーガーをいただける？」

満面の笑みで店員さんが言う。

「セットになさいますか？」

母がゆっくりと振り返り、「どうする？」と言ったので、後ろに人も並んでいたから、「セットでお願いします。コーラで」と私は言った。

「セットで、コーラよ」

母が自信あり気に繰り返した。

次から母はマクドナルドに行くと、サングラスをカチューシャのように上げて、言うようになった。

「ハンバーガー、セットで」

「お飲み物は？」

「ごめんなさいね！　お酒しか飲みたくないから飲み物はなしで」

「ハイ！　セットじゃなくてよろしいんですね！」

「いいえ、ハンバーガーはセットよ」


小学生の時のこと。ある金曜日のホームルームの時間に先生が、

「お家《うち》に帰ったら、今日渡したものさしを入れる袋をお母様に縫っていただいてください。ものさしは長いので、ランドセルの端に挿して月曜日に持ってきてください」

と言ったが、私は、母に頼まないぞ！　と決めていた。

学校から帰ると、関西弁のお手伝いさん岩崎さんが「ハイ、お帰りなさいまっせ」と出迎えてくれたので、「ハイ、ただいま」と、私も関西弁風に答えた。

「あら、ものさしもろうたん！　30センチ、8寸やで、知ってた？」

「知らん……」

「知らんでええわ！」岩崎さんは、ハハハと笑った。

「岩崎さん、ものさし入れって作れる？」

「8寸が収まる袋かいな？」

「うん。月曜までにお母様に縫っていただいて、だって」

「よしよし、縫ったる。奥様、忙しいもんな」

　ホチキスはもうごめんだ。うまくいったと胸をなで下ろした。

　しばらくしてから、母がランドセルに挿してあるものさし袋を見て、「これなぁに？」と聞いたので、「ものさしだよ！　ママ忙しいから岩崎さんに袋を縫ってもらったの」「そうだったの……ごめんごめん」母は申し訳なさそうにそう言ったのだが、それは自分が縫って（縫えないが）あげられなかったことにではなく、岩崎さんが縫ってくれた袋の生地を見てのことだった。

岩崎さんは、自分のアッパッパ（和製ムームーとも言えるかもしれないが、生地もデザインも大きく違う）の端布《はぎれ》で縫ってくれたのだが、その生地は図工の最後に捨てる絵筆を洗った水みたいな色と、蛾《が》みたいな柄で、口を締める紐はお菓子の袋に付いていた紫の紐だったのだ。

私にしてみれば、ものさしが落ちてしまう袋か、蛾みたいだけどちゃんとした袋かの選択を迫られ、蛾みたいな袋を選んだわけだ。

数日後、岩崎さんのお休みの日に、母が嬉しそうに後ろ手に何かを持ってきた。母が差し出した掌の上には、見たこともないキラッキラした布がのっていた。

「何？　これ」

「フフ、ものさし入れよ！」

コバルトブルーのラメの生地に、黄緑と金色の小さなスパンコールがびっしり付いている。口を締める紐はコバルトブルーのサテンのリボンだった。

「ひばりさんのステージ衣装の端布よ！　あなたのものさし入れの話をひばりさんにしてたらね、お付きのチーちゃんが出してきてくれてね、ものさし入れじゃ、細くてメイコさんには縫えないでしょうからお作りしますねって！　どう？　綺麗でしょ！　ひばりさんのマイクカバーとお揃いよ！」

ひばりさんは衣装と共布でハンドマイクを包んでいた。

子供ながらに、なんて言えばいいかわからず、「綺麗」とだけ答えた。

驚くほど綺麗だったけれど、ものさしには似合わない気もしたし、岩崎さんが縫ってくれた袋はどうなるんだろうと思っていたから。でも、太い袋だって縫えない母からチーちゃんが縫ってくれたと聞いたのですごくホッとした。

結局私は、翌日キラッキラのものさし入れをランドセルに挿して学校へ行った。学校に着くと「何これ～？」「きれ～い！」「見せて～」と、何人か友だちが集まってきた。

「うわっ、眩しい！」

一人の子が、ランドセルからキラッキラ袋を引き抜くと、無数のスパンコールに朝陽が当たり、私たちの顔に反射したのだ。

しかし、その眩しさは長くは続かなかった。家に帰って、ランドセルの中を覗くとキラキラしていたので、ランドセルを逆さにして叩いてみたら、小さなスパンコールとコバルトブルーのラメがパラパラと床に落ちてきた。

新宿コマ劇場の楽屋に、ステージを終えて戻ってきたひばりさんの後に落ちているキラキラと同じだった。

母はゴルフ場でも遊園地でも女優

母は本当に忙しくて、自分の時間などなかったと思うが、仕事と仕事の後のお酒タイム以外は家族と過ごすために使った。2歳から働いている母には、これといった趣味もないし、連む友だちもいない。半世紀前は、エステだのジムだの母に限らず無縁だ(あ、どの時代になっても結局、母には無縁だったけど)。母が望もうが望まなかろうが、休みは家族と一緒にいるしかなかったのかもしれない。

私たちが生まれる前、父はなんとか母と共通の趣味を持とうと努力はしたようだ。まずは自分の趣味であるゴルフ。「銀座にでも行ってみるか」とか「美味いものを食べよう」とか上手いことを言って、ついでみたいに銀座のゴルフ屋さんへ母を連れて行った。

何もわからないのに、まるで女子プロの如くクラブを握ったり軽く振ってみたりする母の様子が目に浮かぶ。たぶんその時、母の気分は最高潮だったと思う。映画の中で何回か、ゴルフをするシーンを演ったことがある母は、そここそ綺麗なフォームでクラブを振る。ボールの行き先など母には関係ない。だから銀座のゴルフ屋さんで、あれこれクラブを握り軽く素振りして「いいわね」なんて言ったりしたに違いないし、父と2人で練習場に行った時も、ボールの行き先よりも一番前で鏡に映る自分だけが気になったに違いなかった。

練習と名のつくことが母は大嫌いと知っている父は、数回の練習で限界を感じ、一抹の不安を胸に、母をコースに連れて行くことにする。練習場では、父と鏡の中の自分だけだったが、衣装のように初めて着るゴルフウェア、そこには父の友だちが2人と、「あらぁ！　メイコさん!!」と大喜びで迎えてくれるキャディさんがいる。撮影では訪れたことのあるゴルフ場で母の女優モードにスイッチが入る。

「あら、私はここから打っていいの？　なんか申し訳ないみたい！」

父に聞いたわけではないが、ゴルフ場の気持ちのいい風の中の母が私には見える。女優というものは器用だ。医者だろうが、スポーツ選手だろうが、演らなければいけない。が、実際にできなくてもいいのだ。

ティーを立てる、ドライバーを軽く振ってからボールとの位置を合わせる、眩しそうにフェアウェイの位置を確認する。そう、ここまでは母にはお手のものなのだ。映画の場合、この先は大概は吹き替えとなる。違う人が打ったボールが青空の下で弧を描きフェアウェイにトントンと落ちる。そして、ここからはまた母の出番だ。心配そうにクラブを振り上げたままフェアウェイに落ちたボールを目で追うわけだ。

この日も同じように母はクラブを振り、弧を描くボールを追うべく眩しそうに遠くを見つめた。

その母にキャディさんは言った。

「メイコさん、ボール……そこよぉ」

母の打ったボールはティーから1メーターほどの所に転がっていた。

「次のゴルフはいつ？」

「いつかねぇ」

18ホールで父は萎えたらしい。それでも母が、ゴルフがうまくなりたいと練習場に父を誘えば、次もあったかもしれないが、母には全くその気はなかったようだ。

私たちが生まれてからも、運動と名のつくものには母は不参加だった。父は、自転車旅行と名を付けて、私たち子供をサイクリングに連れ出してくれることがあった。地図を持って、行ったことのない所へ父を先頭にカンナと私の3台連なって行くのだが、母は自転車に乗れないから行くことができない。夕方に帰ると、綺麗にお化粧した母が「遅～い！」と待っていた。そんな時、父は「よし！　着替えて食事に行こう」と言う。子供たちの休みと母の休みが重なると父は大忙しだった。

そんな母が、珍しく「私も行くわ！」と言って、多摩テックに付いてきた。当時、多摩テックという日野市にあった遊園地は、少し大人っぽいというか（まぁ、私は小さかったからそう見えたのだろう）私の歳ではまだ乗れない乗り物がたくさんあった。

母は、ゴーカートが大好きなのだ。もちろん免許もないし自転車も乗れない母にとって、唯一、一人で乗れる乗り物だったのだ。

少しスピードを競い合うような一人乗りのゴーカートと、大人と一緒なら私でも乗れる2人乗りのゴーカートがあった。

「はーちゃん、ママと乗ろうか！」

母はサブリナパンツにボーダーのシャツ、首には小さな水玉のスカーフを巻いて、颯爽《さっそう》と運転席側のハンドルを握った。2人乗りのゴーカートはスピードも出ないし、ましてや自分で運転できないとなると楽しい乗り物ではなかった。私の前のハンドルは単なるお飾りで、調子の悪い扇風機みたいに、カラカラと音を立てていくらでも回った。

そんな私の気など露ほども知らぬ母は「行ってきます！」と、父と姉に手を振ると、「さぁ、出発よ～！」と颯爽とアクセルを踏み込んだ。

母の横顔は、時速140キロでレースに挑んでいたが、首に巻かれたスカーフは風になびいてなかった。後ろからゴーカートがどんどん私たちを追い抜いていく。

「あら、このカート、調子悪いのかしら！」

「はーちゃん頑張って！」

どう、頑張れというのだ、この壊れた扇風機で！　父と姉が待つスタート地点に戻ると、母は全てをカートのせいにし、私まで巻き込んだ。

「なんか、カートの調子が悪くてねぇ。はーちゃん頑張ったのよねー」（私は頑張ったりしてません！）

こんな時の大人が一番嫌いだ。

「お姉ちゃまは？」

「一人用のゴーカートに乗りに行ったよ」

「いいなぁ」

「もうじき一人で乗れるようになるよ！」

父が全てを察したように言った。

「いいなぁ！」

今度は母が言った。

「乗ってくればいいじゃないか」

またも全てを察したように父は母に言った。

「パパ、写真お願いね！」

父はカメラを構え、母のレースを見守る。

母が大きな声で「行ってくるわ！」って私たちに言うから、そこにいた人たちも母に気付き、「メイコさん、行ってらっしゃ〜い！」と母に手を振る。

自信満々レースに挑んでいた母はどこへ消えたのか、真剣な顔でハンドルを握ってコースの左端を進み、横を追い越されるたびに「キャッ！」とか言っている。レースの結果は言うまでもない。ただ残念なことに、ビデオのない時代だ、父が写した写真にはレース直前の自信みなぎる笑顔の母だけが写っていた。

私たちは、空中ブランコ、お化け屋敷、ウォータースート、ティーカップ、マジックハウス……乗れる限りの物に乗った。そのたびに父は、ベンチに座っている母を誘ったが全てに首を横に振った。

ほぼ全ての乗り物を制覇した私たちは、やっと母の待つベンチに行った。

「そろそろ日が暮れるわねぇ」

幕切の台詞のように、母が空をぐるりと見回しながら言った。

「あなたは、いったい何をしにここへ来たんだ！」

突然父が母に怒鳴った。

母は少し困っているようにも見えたが、「ゴーカートに乗りに来たのよ！」

と答えた。

父はその返事にムッとしたのだろう、何も言わずに出口の方に歩き出したので、私たちは両側から父と手を繋いだ。

「ねぇ、お夕飯どこにする？　今日は運動したから焼肉にする？」

後ろを追いかける母の問いかけに、「運動したかねぇ」と、父が母には聞こえない声で言ったので、カンナと私は笑ってしまった。母との休日は、取りも直さず母の休日であった。

休日は家族で花札、食事はキャンティへ

父が不在で、母が休みの日の過ごし方は、大概はショッピングから始まる。なんだかオシャレをさせられて、ピンヒールにサングラス、あっ、もちろんその下にはつけまつげの母と、銀座みゆき通りの「ヤングエージ」か、青山の輸入スーパー「ユアーズ」の2階にあった「マミーナ」へ行くことが多かった。当時は、舶来品や個性的な子供服を扱っている店は少なく、「サエグサ」や「ファミリア」など有名店はあったけれど、必ずお誕生会などで同じ服を着ている子に出くわす。だからというわけではないのだが、母は、アメリカンカジュアルな「ヤングエージ」と、子供用のロングドレスからツイードのジャケットま

で大人っぽくて個性的な品揃えの「マミーナ」がお気に入りだった。

「ママ、みんなが着てる可愛いお洋服があってね。半袖のセーターとお揃いのカーディガンで、お花の刺繡がしてあるの。あれが着たい！　いろんな色があるんだよ！」

「ハイハイ。サエグサさんのでしょ？　ママも見た時、素敵だな～と思ったわ！」

「ね!!」

「でも、はづきには似合わないわ」

姿見の中の自分を思い出した。継母の再来か！

「美人じゃないから？」

「う～ん、ちょっと違うわね！　ものすごくドレスアップした時はね、ドレスに負けないくらいの美人でなかったら、ドレスに負けないくらいニコニコしたり、楽しいお喋りをしたり、誰よりも気が利かなきゃダメだと思うの。でも、あの可愛い刺繍のアンサンブルはね、はーちゃんらしさを隠してしまうと思うのよ。きっとママも似合わないと思うわ〜。カンナは言うまでもないけど。はーちゃんは、いつだってはーちゃんでいないと！」

母の背後でカンナがアッカンベーしながらお姫様のお辞儀をしたので、噴き出した。

結局その日は、私にはニット生地でミニのグレーのワンピース、カンナには「いつ着るの？」と首を傾げる怪盗ルパンのようなマントを母は買った。親が思っている子供でいるのも大変だったんだろうなと、今になって私は思う。カンナは案外気に入っているようにも見えたが、たまには、フリルの付いたワンピースも着てみたかっただろうと思う。

母は夕飯にはお酒があればよい人だったので、買い物が終わると1階の「ユアーズ」のイートインで私たちは好きな物を食べることができた。そんな時は2人とも、決まってチーズバーガーにコーラだ。横には、フラガールが目印のポテトチップが山盛りと、ピクルスが付いてくる。母は「ちょっとちょーだい！」と、ピクルスとポテトチップをつまみながら、デュワーズの水割りを幸せそうに飲んでいた。

天気がすごく悪い日は、母は買い物に出るのを諦める。運転手さんも休みだからだ。

ゆっくり起きて来た母がお昼ご飯を作ってくれた。大概は食べ慣れた母のメニューだったが、時折、見ても何かわからず、口に入れてもまだ何かわからないものがあった。母は、「どう？」とは聞かない。「美味しいでしょ！」と聞いてくる。不味《まず》いとは言えない。母は料理をする時に味見をしないということを、私たちは知っている。

その日は、薄《うっす》ら甘～い炒飯だった。たぶん、塩と砂糖を間違えたのだろう。母はすでに飲み始めていた。

「すごい雨ねー！　今日はおうちで遊ぶか！」

母が私たちと一緒に遊べることといえば、これしかなかった。花札だ。

正確に言えば、トランプの神経衰弱とババ抜きも母はできるが、3人ではどうにも盛り上がらない。カンナも私も花札は大好きだったから、母が場の準備をする間、掛け合いのように作り歌を唄った。

「花見で一杯！」

「月見で一杯！」

「萩に猪、牡丹に蝶！」

「鹿には紅葉で猪鹿蝶！」

どれだけ母に仕込まれていたんだか……。母は、絨毯の上のテーブルを壁際に押しやると、糊のきいた真っ白いテーブルクロスを2つに折って綺麗に敷く。

「お待たせいたしました。場が立ちましたよ！」

嬉々とした母は、外側が青いビロード張りのアタッシェケースから花札を取り出すと、片膝を立て、「よーござんすね」と、いつもの台詞を言う。

「よーござんすよ！」

カンナと私は声を揃えて答え、お互いの顔を見る。おそらく八百長はしないという宣言なのだろう。

私たちは、映画『緋牡丹博徒《ひぼたんばくと》』のお竜さんを見てこれを学んだ。

「来い！」

母の低い声が場に広がる。どんな時も形から入りたがる母は、さっきまで着ていたカーディガンの片方の袖を抜き、お竜さんの半纏《はんてん》に見立てて肩にかけていた。

「青短5文、カスで1文」

「私は猪鹿蝶で5文のみ」

「あー、負けた～！　ママの勝ちだ～」

「ふふふ」

相手が子供だから手加減するなんて、思いつきもしない母は得意気に笑った。青いビロードのアタッシェケースには夢が詰まっていた。5センチ四方の小さな笊《ざる》があり、勝てばその中に点棒が入れられて、マイナスになれば［菓子札］と書かれた小さな板が入れられる。金貸しにかけた借金札だ。あまりに借金が嵩《かさ》むと、芽が出るようにと、振ると本当に目が出る小さな達磨《だるま》まで笊に入れられる。

このアタッシェケースは、母の嫁入り道具だったのだが、娘の私たちはそれをどちらが嫁に行く時に持って行くか、毎回のように揉めた。結局、アタッシェケースはいつの頃からか私たちの前から姿を消し、行方はわからないままだ。

「おっ、やってるねー！　達磨が2つも入ってるじゃない」

「ママに借金してるー！」

「よし、取り返すかっ！」

さあ、始まった父と母の一騎打ち。両脇で真剣に見守る娘たち。何回勝負をしただろうか、父が嬉しそうに、「勝負！　雨四光で7文だ！」と声を上げた。

「うっわぁ〜、やられた〜。負けた！」

母が負けたところでめでたく〝場〟は、お開きとなった。

母は、白いシーツをクリーニングの籠に入れると、言った。

「バジリコ食べたい！」

切り替えが早い。

母が食べたいバジリコとは、飯倉片町にある一軒屋のイタリアンレストラン「キャンティ」のバジリコのこと。まだバジルというハーブが、日本になかった頃からキャンティにはバジリコがあった。バジルの代わりに大葉とパセリを使っていて、母の大好物だった。

さっきまで、すっぴんで片膝を立てていた母は、鏡の前でスティックのドーランをおでこに1本、両頰に各2本、鼻に1本引いたかと思うと、大きなスポンジでパンパン叩き伸ばし、大量の粉を叩いた。

昔の女優さんの化粧の仕方は、左官屋か、手打ちうどんだ。

塗りたてか打ちたての真っ白な顔で、「あと5分待って！」と母が言った。

いくらでも待ちますから、その怖い顔をなんとかしてください。

迷いなく目の際にリキッドアイライナーをズッと引くと、大きなつけまつげに糊を付け、ピョンピョンと目の上に付けたら、クチャクチャの髪の毛を綺麗なスカーフで包み隠し、足首までのワンピースに着替えてできあがり。

「お待たせ」

5分ちょうど。さすがだ。

どちらかといえば、こちらの方が見慣れた母だった。

香水が臭いので、車に乗るとカンナと私は後部座席の窓を少しずつ開けてから、運転席と助手席の間に乗り出すように言った。

「今日の決め手は、雨四光だよね！」

「お姉ちゃま！　猪鹿蝶もやったんだよね〜。負けたけど」

「死ぬまでに一度でいいから、五光で勝ちたいなぁ〜」

「私も〜！」

父がバックミラー越しに言った。

「2人とも、その話をあまりキャンティでするなよ！」

キャキャキャキャ！　母が笑ったので私たちも笑った。家族の誰かが、誰かを楽しませようと何かする、これが私たちの母との休日であった。

我が家の食卓のルールは厳しくて

その家だけのルールというのは、どこの家庭にも色々あるのだろう。神津家にも暗黙のルールがいくつかあり、その中でも食卓におけるルールは結構厳しいものだった。

それは家族4人で食卓を囲んだ時の話。もちろん、食卓で一番話題を提供するのは母だ。物心ついた頃から私は食卓の母から喋るということはどういうことかを学んだ。母は、声色を使って話をする。こんな風に。

「今日さぁ、ひばりさんと一緒だったでしょ、そしたらね、（咳払いしてからひばりさんの声色で）メイコ、こないださ、あんたん家に行くのにさ、お金持たずにタクシー乗っちゃったじゃない……。（ここから母）そうよ、バッカね！　仕方ないから『柔』を唄ったんでしょ？　高くついたもんねー。（ここからひばりさん）家からあんたん家までいくらかかんのぉ？　（ここから母）千円札1枚持って乗ったらぁ、たっくさんお釣りくるわよ～って言ったらさ、あの人、涙流して笑っちゃってるから、何がおかしいのよぉ？　って聞いたらね。（ここからひばりさん）だってさ、小銭のギャラで唄っちゃったよ！　メイコぉ、千円でお釣りまでくるんでしょ？　すごいことしちゃったねー私。（ここから母）だから、次回からは、玄関にクッキーの缶かなんかに千円札いっぱい入れといて、一枚握りしめてタクシーに乗りなさいよ！　って言ったら、なんて言ったと思う？　（ここからひばりさん）道路が凄い混んじゃってさ、お客さん千円じゃ足りないよ！　って言われたらさ、また唄っちゃったりしてね！」

毎日こんな母の喋りを聞いていたから、私は他人が喋るところは、その人のモノマネで言わなければいけないんだと思って育った。なので私は、モノマネがうまい（いつか何かの機会に）。

「オチのない話は食卓でするべからず」この神津家の暗黙のルールがなかなかハードルが高かった。

別に『笑点』じゃないんだから、オチが付けばおかずが増える、つまらなければおかずが減るというわけではないし、真面目な話をしたってもちろんいいのだ。ただ普通に家族で食卓を囲んでいるだけなのだが、たとえばちょっと面白い喋り方をする友だちのお母さんに電車の中で会った話をしようと、そのお母さんの声色で、

「今日ね！　えみちゃんのママがね、〝おーい！　そこにいるのは、はーちゃんじゃないか～！〟って大きな声で言ったのね！」

と私が話し始めると、母が割って入る。

「似てない。ちょっと違うのよ……こう」

と同じ台詞を真似てみせる。

ハハハハ！　似てる似てる！　と、父が笑いカンナが手を叩く。

戦ってもないのに母にまず一本取られる。そしてさらに母は言う。

「それで？　どうなったの？　はーちゃんじゃないか〜！　の後」

「電車の中で大きな声で言われたから、恥ずかしかったなぁ〜ってお話」

「…………」

「…………」

「…………」

無言の中、2秒ほど3人の視線が私に注がれたが、何もなかったかのように母が次の話を始め、新たな笑いが食卓に広がる。電車の中でえみちゃんのママに会った話は却下されたわけだ。小学校で、そんなにオチが付いた出来事が起きるわけがないのに。

私が、家では口数が少なく、密かに〝モノマネ〟の腕を上げていったのは、これが原因の一つだった。

そしてもう一つの原因はカンナだ。

カンナは10歳で詩集も出版し、週刊誌に「カンナ知りたいの」なる連載対談のページを持っていた。そのゲストたるや、三島由紀夫、勝新太郎、佐藤栄作(当時の総理大臣)、小松左京、石原慎太郎……と大物ばかりだったが、カンナはなんてことなく週イチでこなしていた。だから、食卓で対談の話が出ることがよくあった。

「昨日は、三島由紀夫さんとお話ししたよ」

「あら！　素敵なかただったでしょ〜？」

「そうね、オジチャマでもないし、パパでもないし、オトコのヒトって感じ。そんな感じ、自分の中になかったから、ちょっと不思議な気持ちになったわ、三島さんに会って」

「カンナのオトコのヒトって、どんな感じなの？」

「そうねぇ。太い大きな川みたいにいろんなお話がどんどん流れていくけど、とっても上等なレースの服みたいに綺麗で優しいことを考えているヒト、かな」

父も母もカンナの話に夢中だ。

「ねぇ、三島さん、ママのこと何かおっしゃってた？」

「あぁ、何回もママの名前は出たわよ！　三島さんが〝本は出会うものなんだ〟って言ったから〝男の人と同じだな〟って言ったら、ん？って顔されたから〝ママが言ってたわ、いっぱい男の人とお付き合いしていくうちに、いい人と出会うもんだって〟って言ったらね、〝フフ……君のママは悪い教育をしてるなぁ〜！〟って大笑いしてらしたわよ」

「あら、やだ！　もう少しいい話をしてよ」

満足気な父と母の笑い。常にカンナの一本勝ちだ。

母は必ず夕飯の支度をしてから仕事に行き、父は必ず母の帰りを待って一緒に食事をした。私たちは祖母と先に食べることも多かったが、父と母の夕飯の時はもう一度食卓に着き果物なんかを食べながら、こんな時間を過ごしていた。

私は喋らなくても済むように、ただただゆっくりと果物を口に入れ食べ続けていようと必死だったが。

そして私が10歳の時に、生まれてくる弟のために新橋の雑居ビルの8階から、世田谷の閑静な住宅街の一軒家に引っ越した（詳しい家の様子は42ページから。戻らなくても問題ナシ）。母を銀座や赤坂から引き離し、ゆったりと大切に男の子を育てようというわけだ。

母が家にいる時間が増え、台所の窓ガラスに父の車のバックライトが映ると「パパだ！」と、玄関に行き父を迎えた。食卓の横にゆりかごが置かれ、弟が寝ていたら誰もが小さな声で必要なことだけを伝え、弟が泣き出せば、誰かがお箸を置いて弟をあやした。

弟が歩き出せば、食卓にいるみんなが弟を目で追い、弟が喋り出せばみんなが弟の言っていることを理解しようとした。

休みの日、父は必ず弟と、手を繋いで駅前のおもちゃ屋へ行っては、何かしら買ってきた。かつてミケランジェロの天井画の如く、酔い潰れた人々が貼り付いていた我が家の居間の床には、ウルトラマン一族とマジンガーZと、怪獣たちがぞろぞろと転がっていた。

やっと買ってもらえたリカちゃんとリカちゃんハウスを、私はベッドの横に広げて遊ぶことしか許されなかった。ボーイフレンドのワタル君も欲しかったけれど、母が「顔が嫌い」という理由で買ってもらえず、私はたった一人のリカちゃんと子供部屋で遊んでいたのに、今やなんたる体たらく！

床で怪獣ごっこをしている弟が、食卓の私たちに片っ端からウルトラマンを手に持っては、「これは？」と聞いてくる。

母は、「ウルトラマンタロウ！」「これはー？」「ウルトラの母〜！」「これはー？」「ん〜！　ウルトラセブン！」と、水割りを片手に満更でもないのだ。

かくして、弟の誕生を機に神津家の食卓における暗黙のルールは跡形もなく消え去ったのだった。

サンドイッチマンになった姉に憧れた妹は

親は、仮にどれだけ心配だとしても、心配していないふりをした方がいい時もあるのだろうと、私も親になった今は思う。

「あの時、母は実は心配していたのだろうか」と今頃になって思い出すことがある。

その前にまずお伝えしておきたいのは、姉カンナは私よりずっとやんちゃだったということ。

個性的で大人勝りで、私と違ってエリートな子供だったのは事実である。

でも、学校ではいたずらばかりして、毎日のように「私は悪さをして立たされています」と書かれた札を首に下げて廊下に立たされていた。高学年になりランドセル以外のカバンでの登校が許されると、唐草模様の風呂敷を背負《しょ》って、サザエさんに出てくる泥棒みたいな姿で学校へ行った。

お楽しみ会では、誰もが楽器を演奏したり、マジックを見せたり、手作りの紙芝居を読んだりする中、カンナは自前のカセットデッキから流れる『安来《やすぎ》節《ぶし》』に合わせて豆絞りの手拭いで頭をすっぽり包み、輪ゴムで結わえた五円玉を鼻の頭にのせ、用務員さんに借りた枯葉を掬《すく》う大きな笊を頭にのせ、ガニ股で腰をフリフリ登場し「どじょうすくい」をうまいこと踊ったのだ。

うまいこと、というのは、逃げるどじょうをやっとこさ捕まえ、腰に下げた魚籠《びく》に入れようとするのだがなかなか入らず、ようやく入ったと思ったらどじょうはももひきの中に入ってしまい、あちこちと動き回るどじょうに身をよじって七転八倒の末、どじょうをドブに捨てて帰る――というストーリーを踊って観客の笑いを取るということ。セーラー服を着た小学生の芸としてはかなり異質でハイレベルだ。

どじょうすくいを教えてくれたのは、母方の祖母だった。ただ踊るだけよりも、とストーリーも祖母が考えたそうだ。

若い頃、小劇場の看板女優だった祖母は、座付き作家だった祖父と結婚し、母が生まれて女優をやめ家庭に入ったが、戦時中に祖父が書くことをやめてしまったため生活に困り、2歳半でデビューした母に付き添いながら質屋にも通っていたようだ。いつしか母が稼ぎ頭となり、母に付き添う必要もなくなった祖母は、新橋の烏森《からすもり》で「メイゾン・メイ」というレストランを始めた（当時、メイゾン・メイと、みんなが呼んでいたが「メゾン・メイ」が正解だと思う。ｍａｉｓｏｎをローマ字読みしていたのだろう）。私たちはその頃新橋に住んでいたので、ちょくちょくお店にも遊びに行っていた。

カウンターには、祖母とお喋りしたくて来るお客さん、毎晩のように奥の席に座っているスーツを着た無職の祖父と語りに来る作家仲間……井伏鱒二さんや今日出海《こんひでみ》さんがよくいらしていた。子供の目にも細い階段を下りていった地下の小さな店は、上質な笑いと話が飛び交うカッコいい場所に見えた。

今もニュースを見ていると新橋駅前でサラリーマンがインタビューされる様子が度々出てくるが、あの白いあみだくじみたいなビル（ニュー新橋ビル）ができる前の話だ。我が家と銀座の間にある新橋駅は、子供の私たちにとっては刺激が多い場所だった。狸小路と呼ばれる（子供の目には）巨大な飲み屋街だったが、その賑やかな辺りには、まだ当時は人力車が並んでいて、中を覗くと綺麗に髪を結った芸者さんが乗っていた。

それは私の憧れで、文集の「大きくなったらなりたいもの」に、私は「新橋芸者」と書いたほどだったが、カンナは全く芸者には興味がないらしく、いつも見惚れているとカンナを見失った。でもすぐに見つけられる、カンナは駅前に立っている様々なサンドイッチマンに釘付けになっていたから。

サンドイッチマンと聞くと今はお笑いのコンビ名だけれど、お腹と背中に宣伝が書かれた四角い板をぶら下げて練り歩く宣伝業者のことだ。

ある日、「私、今日サンドイッチマンになるんだよ！」とカンナが誇らしげに言った。

すでに大きなカレンダーの裏にマジックで「メイゾン・メイ」と書いてあり、その下にあちこちに弾むような字体で「洒落た料理と楽しいおしゃべり」とも書いてあった。

「はーちゃん、色塗るの手伝って！」

私は、あちこちに弾む字の中をカンナに言われた色で塗った。

「クレヨンには、ワイン色とウイスキー色がないねー」

と、姉は赤で塗ったワイングラスの上に、首を傾げながら黄色を塗り足した。

カレンダーをダンボールに貼り付けオリジナルの看板ができあがると、姉は初めて見る鼠《ねずみ》色のスーツに着替え、父の引き出しからコンサート用の蝶ネクタイを出して首に付けた。次に母の化粧台から真っ赤な口紅を取り出すと、鼻の上をまあるく塗り、母の引き出しからサテンの手袋と、一番大きなサングラスを取り出して鏡に自分を映していた。「よし！」子供には大きすぎるサングラスは、近所の商店街のオジサンにカンナだとバレないためらしかった。姉は案外世に知られた小学生だったから。

玄関で、父がタキシードに合わせて履く大きなエナメルの靴に、ギュウギュウに綿を詰め足を入れると、パンツのゴムで繋げた看板をお腹と背中にぶら下げて、小さな声で「はーちゃん、ついてきて」と、小さく手を合わせた。

小さな幕が上がる前みたいだった。鳥森口までは下を向いて、小走りで向かったけれど、幕が上がればカンナはサンドイッチマンになっていた。

「皆様！　本日もお仕事お疲れ様でした～！　さあ、夜はこれから。洒落た料理と楽しいお喋りはメイゾン・メイ、メイゾン・メイですよ～！　この先すぐ！　疲れも吹き飛ぶ、メイゾン・メ～イ!!」

大きなサングラスで表情は見えないが、チャップリンの真似をしてガニ股で飄々《ひょうひょう》と歩き、駅に向かうサラリーマンに手を振っては、お腹と背中の看板を叩いてみせた。

笑って手を振り返してくれるオジサンもいれば、「やだ、気色悪い！　子供じゃないのー！」と怪訝そうに通り過ぎるオバサンもいたので、そのたびに姉の様子が気になったが、やはり大きなサングラスで姉の表情は見えなかった。

そんなことを1～2時間はやっていただろうか、突然「さ、帰るか！」と、看板を下ろして小さく畳んで脇に抱え、「遅いから手を繋いで帰ろう！　この辺りは酔っ払いが多いからねー」と姉。

「お店に寄らないの？」私は最後はお店に行くのだろうと思っていたから、「寄らないよー！　孫にサンドイッチマンやらせてたなんて思われたら、店の評判が下がるもん！」とあっけらかんと言うカンナにびっくり。

だいぶ経ってから聞いた話だが、姉は祖母にサンドイッチマンをやってもいいか聞いたらしい。

「人生、やりたいと思ったことはやってみたらいいよ！」

と祖母は鼠色のスーツも一緒に買いに行き、サンドイッチマンの台詞も一緒に考えたそうだ。どじょうすくいが高じてサンドイッチマンとなり、次は何をやる気なのかと、私はドキドキした。


そのドキドキは自分に対してのものだったとわかったのは何年かしてからのことだ。考えてみれば、次女とは気楽なもんだ。パイオニア的に親に挑む長女に対し、目立たず、傍観者でいればいいのだから。私は、いても気づかれないけど、いないと気づかれる［はーちゃん］をずーっとやってきた。ただどこかにいればいいだけ。そのことが突然嫌になったのだ。

「はて、どうすればいいんだ？」

私は初めて、誰にも相談もできないまま殻を破ろうとしていた。

貯金箱のお金を全部使って10色のマニキュアを買い、ある日曜日に10本の指を違う色に塗った。父のブカブカのジーパンをサスペンダーを付けて穿き、母の引き出しからありったけの派手なネックレスをさげ、髪の毛をマルチーズみたいにチョンチョコリンに輪ゴムで結わき、家族がいるリビングに行ってこう宣言したのだ。

「私、今日から変わります」

キョトンとした家族を背に、玄関で下駄を履き新橋を越え銀座に向かった。「新橋芸者」ではない何かになりたくて。そしてポケットに入れた小さなノートに、すれ違いざまに私を上から下までジーッと見た人、銀座通りの向こう側から指をさして笑った人の数を正の字で書いていった。

次の日曜日はたくし上げた母のタイトスカートに狐の襟巻き、ベールの付いたアンティークの帽子を斜めに被り、綿を詰めたハイヒールを履いて、すっ転ばないように慎重に何往復も歩いた。

目立ちたかったのではない。目立つことに慣れたかったのだ。

「私、変わります」の日曜日に関して、父も母も、そして姉も何も言わなかった。あ、母は一言「何を使ってもいいわよ」とだけ言った。

そんな日曜日をどのくらい過ごしたのだろう。殻が割れたのか、見られることに慣れたのか、いつしか私は「はーちゃんって、面白いね！」と、中学から出会った友だちにも母の周りにいる大人たちからも言われるようになった。

小さい頃、ホームパーティーの片隅で綺麗なドレスを着せられ、一言も喋らずにいた次女は、母が仕事で出席できない芸能人のパーティーにご祝儀を預かって一人で出席したり、家に人が集まれば「はーちゃんショー」と称してモノマネをしたり、踊ったり。元々持っていた資質が開花しただけなのか、あの10色のマニキュアのおかげなのかは自分でも未だにわからない。でも、親は何も言わずに、私を見ててくれた。

「なんのこっちゃ⁉」とあっけにとられて言葉も出なかったのかもしれないが。

爪が凶器のオシャレした怪獣との戦い

母には趣味がない。しいて言うなら買い物が大好きってことくらい。自分の物はそんなに買わないプレゼント魔。それも高い物は買わない。セールになったネクタイやTシャツを山のように買っては、ベッドに並べて「これかなぁ〜？いや、こっちかっ！」と、翌日仕事で会う人へのプレゼントを選ぶ。

私たち家族は「本当にいらないからね！！！」と日々うるさく言っているので、文句の言われなそうな物だけ定期的に買ってくる。お茶碗、お椀、お箸、スリッパ等。捨てるには新しすぎて我が家の台所には茶碗の塔や椀の塔、廊下にはスリッパ電車が連結し続けていた。

父は、母の買い物で家が侵蝕されるのをなんとかしようと、ありとあらゆる趣味になりそうなことを母に勧めた。お酒を飲みながらできるものでなきゃダメなので、スポーツの類は、たまのボウリングだけ。父の趣味でもあるカメラを持たせたが、撮られるのは大好きだが撮ることには全く興味がなくボツ。流行っていたものすごく太い編み棒での編み物は、太い分早くできあがる。これには少しハマった。母の指3本分くらいの編み棒でただただ編んでいく。母はとりあえず成城の手芸屋さんの棚が空になるほど毛糸を買い占めた。

「はーちゃんのマフラーできた〜！」

ある日、母が淡いピンクのモヘアの毛糸でざっくりと編まれたマフラーを持ってきた。マフラーの両端には、グレーのオーガンジーの太いリボンが蝶結びされていて、なんだかすごく可愛かった。

「ママ！　すごいじゃない!!」

私は母のセンスの良さにあらためて驚き、週末の友だちの誕生会に早速巻いて出かけた。

バスを降りる時、

「お嬢ちゃん！　危ないよぉ！　あぁ〜〜〜！」

とお婆さんが後ろから追いかけるように私に叫んだ。ステップを下りてから振り返ると、お婆さんは毛糸の端を持っていた。どういうことか初め理解できなかったが、自分の首と繋がってる毛糸を持つお婆さんを見てわかった。

こういうことだ。母は、マフラーを結構な長さまで編み上げたものの、留め方がわからなかったので太い編み棒をそ〜っと抜き、両端をリボンでぎゅっと結んだだけだったのだ。

ざっくり編まれただけの毛糸は、きっと風に吹かれるたびに一目ほどけ、グレーのオーガンジーのリボンはいつしかどこかへ飛んでいったのだろう。首に巻いて後ろに垂らしていた部分は、ほぼなくなっていて1本の淡いピンクのモヘアの毛糸で私とお婆さんが繋がっていた。お婆さんに手渡された毛糸を指に巻いていくと、あっという間に母が編んだマフラーは姿を消した。引きずられ黒ずんだ半分の毛糸が中に隠れた淡いピンクの毛糸玉と1本残ったオーガンジーのリボンをバッグにしまった。

「ねぇ、オシャレしてお食事に行こ！」

結局〝買い物〟と〝オシャレして食事に行く〟、この2つだけが母の趣味らしきものとして残った。

父も私たち子供も近所の中華や蕎麦屋で良い気分の日はあったが、そんなことは論外で、オシャレが似合う、靴を脱がない、が母のお店選びの鉄則だった。

「どこに行くか？」一応父は母に聞く。母は必ず「どこでもいいわよ～」と言う。そんなわけはないのだ。母の装いで大概、母が行きたい店は見当がついた。

ブルーかピンクのシャツにブラックタイのお爺さんのピアノ弾きがいるホテルのメインダイニングか、老舗の一軒家のイタリアンか、2階がバーになっている六本木の鮨屋か、あといくつかの行きつけの店以外は母は行きたがらなかった。それが嫌だったわけじゃない、もちろんどのお店も素晴らしく美味しかったから自然と会話も弾み、母も楽しそうにお酒を飲んだ。

ただ、そうした楽しい家族団欒時であっても、一つだけ気を付けなければいけない点があった。お酒がある一定量を超えたら扱いに注意！　だ（ちなみに毎回一定量は必ず超える）。

甘い物を食べない母は、私たちがデザートを食べている時に強いお酒をオーダーする。それは良いのだけれど、母は絶対にお酒を残さない（食べ物は残すのに）。だから父も私たちも、母のグラスに1ミリでもお酒が残ってるうちは帰りたいそぶりを見せてはいけない。そんなことをしたら母が豹変するからだ。

無言で母がウェーターさんに空のグラスをかざせば、私たちはまた一から母のグラスが空になるのを待つ。

「何よ～！　帰りたいんでしょ！」

だいぶ無言の私たちに母が不吉な笑顔で言う。

「ぜんぜーん！」「まだお酒入ってるよ〜」「ゆっくり飲んで〜」

だいぶ酔っ払いの目になってきた母へのチームワークは完璧だった。なまじ酔いが足りないと、もう一軒飲みに行くと言い出すので、気が済むまで強いお酒を飲んでもらい、目が据わってきてグラスが空になった瞬間に父が「お会計をお願いします」とやたら低い声で紳士的に言うのだ。そうすると母は、そんな紳士的な夫に触発されて「ごちそうさま」なんて言って席を立ってしまうのだ。

ある時、母はデザート代わりの最後のお酒を頼まず、濃いめのウイスキーの水割りをずっと飲み続けていた。もう一軒飲みに行きたい時の兆候である。チャンポンをしたくないわけだ。楽しいからだけではなく、何か面白くないことがあって飲んでいる時だってあるだろうから、そんな日は飲んでも飲んでも飲み足りないのだろう。

わかっちゃいるが家族はなんとか連れ帰りたい。母は相当できあがっていたが、そんな家族の思いをも空気で読み取っていたに違いない。

カンナが母の手を取り一緒にトイレに立った隙に、父が母の濃いめの水割りのグラスに水を足した。

トイレから戻った母は「おシャケがまだ残っちるわ〜」と、もう呂律《ろれつ》が回っていない。それでもグラスを持って水割りを口に入れた。

次の瞬間、私たちのテーブルに衝撃が走った。

「……水、足したわね。バカニシュルンジャナイワヨ！」

母は敢然と立ち上がると、すごい速さで出口に向かい店から出て行った。

会計をしなければならない父がカンナと私に言った。

「追いかけろ！」

「わかった！　パパはクルマを出してー！」

母は店を出た途端、スカートを膝上までたくし上げ細い路地へと入って行く。

どんなに酔っ払っていても家に帰ってくる母だから、覚醒するのだろう。野良猫の如く知り尽くした路地裏を突き進む。

「はーちゃん！　表通りに出てパパの車見つけてー！　ママはＡＫＩＲＡさんの店に行く気だ〜」

カンナが叫んだ。

「はい！」私は、表通りでハザードを点けて停まっていた父の車の助手席に乗り込むと、「ＡＫＩＲＡさんの店！」とだけ告げ、父は無言のまま、すぐ近くのＡＫＩＲＡさんの店が入っているビルの前に車を移動させた。

「はーちゃん！　来て！」

しばらくして母を確保したカンナが、部活帰りのような汗だくの顔をしてエレベーターの前で叫んだ。エレベーターから10段ほどの階段がある。両側から母を抱え、なんとか助手席に乗せた（……入れた？　かな）。

後部座席に私たちが乗り込むと父が、「さ、帰ろうか」と言って、サイドブレーキを外しアクセルを踏む。首都高速の入り口はすぐそこだ。カンナはグッタリして窓を少し開けて息を整えていた。次の瞬間、「騙したわね!!」野良猫の如く路地裏を駆け抜け、クタクタなはずの母が、今度は化け猫の如く暴れ出した。

「押さえろ!」まだシートベルトの着用が義務化されていない時代だ。母の後ろに座っていた私は、ドアを開けようとする母の手首を左手で摑み、右手でドアの取っ手を覆った。カンナは運転席と助手席の間に体を入れ、母を背もたれに押さえつける。

「離して〰〰! 飲みに行くんだ〰〰〰!」

母の長い爪が容赦なく私たちを引っ搔いた。

ようやく静かになったのは、首都高速の用賀料金所を降りた頃、化け猫は爪をしまい寝息を立てていた。

無事に家に着くと、父が母を抱えて家に入る。私たちが母のハイヒールの踵《かかと》を片方ずつ押さえていると、母の足から靴が外れ玄関に残された。

お留守番だった弟が、眠れずにいたのか玄関にやってきた。

「どこ行ってたの？」

「あのねぇ、怪獣と戦ってきたんだよー！」

弟の頭を撫でながら「勝ちました」と、姉2人はガッツポーズをしてみせた。

弟は目を輝かして戦隊モードに入った。

「怪獣出現っ！　よーし、電気ビ〜〜ム！　怪獣め、これをくらえ！　ストロンガーダブルキック！」

仮面ライダーストロンガーよ、早く大きくなって戦ってくれ。頼むぞ!!　私は本気でそう思った。

郷ひろみさんは我が家のミッキーマウス

私が初めて好きになった男の人は、郷ひろみさんだ。

正確に言うと初めて好きになった男の人は、幼稚園か小学校に入ったばかりの頃に、タイトルは忘れたが木下恵介アワーのドラマに出ていた関口宏さんだった。ある日母が「関口君に、うちの娘があなたのことが大好きでお嫁さんになりたいんですって！　って言ったらね、いつか迎えに行きますって言ってたわよ」と言ったので私の小さな胸は高鳴り、ウエディングドレスの絵をいくつも描き、関口さんが迎えに来るのを待とうと決めた。が、暫《しばら》くして関口さんは西田佐知子さんとの結婚を発表された。

どういうことなのか理解できず、今にも泣き出してしまいそうな私の横で母が「あら、関口君、結婚するんだ～。お祝い贈らなきゃ！」と言ったので、幼い私は「あ、騙された、大人たちに」と気付いた。

大人はこりごり。そして数年後、テレビに現れたのが郷ひろみさんだった。まだ、フォーリーブスの後ろで唄っていて、そのなんとも言えない不慣れな感じの、騙す大人にはない清々《すがすが》しさに一目惚れしたんだと思う。

幸か不幸か、9歳の時に私は16歳の郷ひろみさんに出会った。

母のマネージャーさんが郷さんの事務所と親しく、日劇のウエスタンカーニバルに出演している郷さんの楽屋に連れて行ってくれたのだ。私にとっては、関口さんとの婚約不履行以来のお見合いだった。自分で選んだその日のファッションは黒のタートルネック（当時はとっくりと呼んでいた）のセーターに白黒の千鳥格子のミニスカート、白いハイソックスに、母に頼んで買ってもらった少しヒールがある黒のエナメルの靴……と鮮明に覚えているが、郷さんと何を話したかは何一つ覚えていない。

翌日、母が郷さんのご自宅にお礼の電話をしたことで、その後、小学生の私は郷さんのお母様と妹さんに大変お世話になることになる。

母はとても協力的だった。幼い頃、当時流行っていたとびだす絵本は一度遊んで終わりだからと滅多に買ってくれなかったが、郷さんが載っていた月刊明星と月刊平凡を毎月買うことは許してくれた。中野サンプラザでのコンサートには必ず一緒に行ってくれたし、松竹の寅さんと2本立ての映画が郷さん主演の時は、渋谷のあまり綺麗じゃない映画館にも連れてってくれて（正確には私が連れて行った）並んで映画を観た。私は〝郷ひろみ〟を観に来ているのだが、隣で母は「このかた、千石規子《せんごくのりこ》さんよ！」「あら、石浜くん（朗《あきら》さん）、ママの古い友だち！」「岩崎加根子さん！　うまいでしょ〜」と度々うるさかったが。

当時、私の憧れていた人気番組に『ラブラブショー』というのがあった。スター同士の公開お見合いみたいな番組で、山口百恵さんと三浦友和さんも出られたし、関口宏さんと西田佐知子さんはこの番組がきっかけとなり結婚となったはず……。

階段の上の両サイドから「2人だけの～2人のための～」と唄いながら登場し、並んで階段を下りてくる。2人の両側には、双方の親代わり、友人代表が座り、司会の芳村真理さんが進行し最後に2人きりのトークタイムがある。

郷さんと、映画で相手役をされていた秋吉久美子さんの回の時、母は郷さんの親代わりで出ることになった。当日、母にくっついてスタジオに行ったものの、居場所はなく、スタジオの隅の方に立って見ていた。人のお見合いに来て、好き好きオーラを出すのは失礼だと13歳の私は思ったから、郷さんの近くに行ってもなんとなく社交辞令風に挨拶した。

秋吉さんは可愛すぎるし、憧れの人と憧れの歌を唄いながら階段を下りてきて見つめ合ったりしている。母は「映画は拝見したのよ！　ホントにお似合いだと思う」なんて言っている。「また結婚発表か～」そう思っていた時、収録が終わった秋吉さんが、なぜか私に近付いて来て、あのクールな言い方で言った。
「あのさぁ、お仕事だから」その夜、私はぐっすり眠った。

幾度となく母とコンサートに行き、私がニューヨークに留学していた時はよくニューヨークに来られて(※たまたま)、一緒に地下鉄に乗って買い物に行ったり、郷さんが世紀の大失恋(?)をされた時には、妹さんと我が家に食事にいらしたり、そしてお互い結婚して人生を積み重ね(私はまだ1回目ですが……)、気付けば半世紀以上、変わらない距離で変わらず好きでいられるのは、私にとって郷さんが一度好きになったら生涯嫌いになることはない〝ミッキーマウス〟みたいな存在であり、郷さんの誠実な人間力によるものだと思う。
今も私は、萬田久子さんと郷さんのコンサートに行っては、拳を振り上げ「GO!GO!」とやっている。

なぜ、郷さんのことを書いたかというと、母は郷さんに会った日は必ず「ひろみ君って大好き！」って、帰ってから言っていた。それは私の気持ちに寄り添ったわけではなく、なんだか娘のためにコンサートも映画も山のように観てきて母が心から思っていたことなのだと思う。

そして母は、こうも言っていた。「あなたって飽き性じゃないわね〜。誰に似たのかしら？　私はジェームス・ディーンもアラン・ドロンも短かったわよ〜！　今、好きなのはねぇ……」と（父には飽きなかったのかなぁ？）。母は目の保養になる〝イイ男〟を見つけるのが好きだった。

しかし80歳を超えると、「今は全くいい男がいないわね〜！　ドラマ観てもみんな同じ顔に見えちゃうし、名前も覚えられない！　つまんないわ〜」と言うようになった。母は、自分の出る番組すら知らせてこなくなったのに、なぜかテレビに郷さんが出ると必ずいちいち電話をしてきた。

「観てる？　ひろみ君出てるよー」と。

毎年、母はＮＨＫ紅白歌合戦を観るのだが、

「最近はほとんどが知らない歌でつまんないから最後の方だけ観ればいいんだけど、ひろみ君は最初の方に出るから観ないとね」

いつもそう言って、郷さんが出てくると私に電話をかけてきた。

「観てる？」「観てる観てる」観ている最中に若干迷惑な電話だ。

母は亡くなった日も、紅白歌合戦を観ていたらしい。

私も家で娘と娘の友だちとワイワイしながら紅白をつけていた。郷さんが出てくると、娘が「億千万！　億千万！」とテレビのボリュームを上げてくれたので、私も「億千万！　億千万！」と慣れた合いの手を入れて観ていた。

でも今思えば、どこかで「あれ？　ママから電話がかかってこないなぁ」と思っていた気がする。父から「お母さんが息をしていないかも……」と電話があったのは、それからしばらく経った21時半頃のことだった。

オジサンオバサンがお正月にやってきた

私に限ったことではないけれど、私は自分が育った家庭しか知らない。友だちの家と比べると、「うちとだいぶ違うなぁ」と感じることが多かった。お泊まりにいくと、「下りてらっしゃ～い！　お紅茶が入ったわよ～」なんてお母さんの声がして、友だちとリビングに行くと「いらっしゃい！」と、スーツを着たお父さんが食卓に着いてビールを飲んでいる。キッチンからお母さんが手作りのケーキを持って出てきて、「明日はお休みだから、遅い時間だけど食べちゃう？　パパもいかが？」なんて言う。

「いいなぁ～こんな家庭」と羨ましく思ったが、正直「毎日だったら退屈かも」

とも思った。

母が亡くなったことで、その頃の同級生が連絡をくれて母との思い出を話してくれるのだが、どれもこれも今じゃありえないことばかり（当時も、だが）。

「ディスコもゲイバーもピアノバーも最初に連れてってくれたのは、おばちゃま！」

「外でお酒を飲む前に、ここで飲んで自分の限界を知っておきなさい！　ってはーちゃん家に泊まりに来た日に初めてお酒飲んだよねー！　気持ち悪くなるまで」

「男の子とお酒を飲むようになったら、女の子が〝とりあえずビール〟なんて言っちゃダメよっておばちゃまに言われたなぁ」

「チークダンスくらい踊れるようにしとかないと！　っておじちゃまと踊らされたんだよ〜」

「おばちゃまはいつでも酔っ払ってたね〜」

……どんな家庭だ！！！　私は生まれた時からそんな家庭で育ったから、たいして気にもならずにいたのだろうが、友だちはさぞかしびっくりしたことだろう。私は話を聞いて、今頃になってびっくりしている。しかも母は女優として若い女の子に接したわけではなく、私の母親として、いたって真面目に娘の友だちに接していたわけだ。

ただ、私が友だちの家に泊まりに行って「いいなぁ～、こんな家庭」と思ったように、どうやら友だちもそう思ってくれてはいたようだ。私が高校を卒業し、ニューヨークに3年間（正確には2年6ヶ月）行っていた間も友だちは親には言えないことを母に話しに行っていて、よく報告のエアメールが届いた。

大概はこの2点。

「おばちゃまに話して楽になった」

「ただし解決はしてない。おばちゃま、酔っ払っちゃったから」

この人が毎日母だったら無理と思ったに違いない。

我が家には、なぜかゲイボーイ（この言い方が今や良くないことはわかっているが）と呼ばれた人がよくいた。

言葉を喋れるようになった頃から家にいらしたお客様に「オジサン？」「オバサン？」と聞くことが多かった気がする。もちろん全員「オバサンよ〜〜」と答えたが。

お正月の3日に名古屋から少しぽっちゃりしてて、なで肩でお腹はポッコリ、ジャンパーに革靴にボストンバッグの地味なオジサンが泊まりに来た。

「あけましておめでとうございますぅ〜。先生〜、来ちゃったわ〜」

と肩をすくめて言ったので、「あっ、オバサンだ！」とわかった。

「おめでとう！　家庭の普通のお正月だからお化粧もしなくていいし、のんびりしてってて」と母。何やら名古屋では老舗ゲイバーの名物ママで、母とは長い付き合いのようだった。11月に母が1ヶ月名古屋で芝居をしていた時に、長いこと一緒に暮らしていた年下の彼と別れ、「先生～、寂しくて死ぬわ～！」と言うので、「じゃぁ、お正月はうちに来ればいいじゃない！」と、酔っ払ったついでに言ったら本当にやって来たのだった。

オバサンは、オジサンのまま白い割烹着姿で台所に現れた。

「お手伝いさんは里帰りでしょ？　臨時家政婦のトニー（確かトニーだったと思うのだが、見た目と名前のギャップがありすぎて、顔は思い出すのだが名前が定かではない）ですぅ～、奥様」

母は飲みかけていた水割りを思わずプッと噴き出して、「飲もぉよ」とトニーさんのためにグラスに氷を入れようとした。するとトニーさんは「あら、やだぁ～、先生～！　そぉ？　頂くわ～～～」と母からグラスを奪い、自分で水割りを作って「先生～、カンパ～イ！」と、飲み出した。

NHK紅白歌合戦の応援団で大晦日まで仕事をして、お手伝いさんのいない元日、そして2日は父の誕生日で来客が絶えず、私は「またお客さんが来ちゃった！」と思ったのだが、母にはいい塩梅《あんばい》のお客さんなのかもしれなかった。

台所からは、キャッキャ、キャッキャというオバサン２人の笑い声と、フリーザーの氷を掬う音が聞こえてきた。

夕飯時刻になり、奥の部屋から父方の祖母が現れた。

「やだぁ～、神津先生のお母様ですか～！　トニーと申します～。お正月早々すみませ～ん」

祖母がどんなリアクションをするか少しドキドキしたのだが、意外にも祖母は「賑やかになって楽しいわね！　いい割烹着ねぇ、汚れたら私のを使ってちょうだいな」と、孫としては初めて見る祖母の顔をしたのだった。

食卓では「男子チームでーす！」と、父と唯一オジサンなのかオバサンなのかわかっていない3歳の弟の間に座って甲斐甲斐しく働きながら、時々「やだぁ～」などと言って父の肩に頭をのせたり、不思議そうに見つめている弟に「早く芽を出せ～」と言ったりしていた。

夕食が終わって「楽しかったわ」と祖母が引き揚げて、私たち子供3人がソファでテレビを見始めると、オバサン2人は最高潮に盛り上がっていた。そんな中、スーッとリビングから姿を消した父は、お風呂に入ったようだった。お風呂からザバーッとお湯をかける音が聞こえた。

「あら、やっだぁ～たいへ～ん！」つっ転がりそうになりながらトニーさんがお風呂場にすごい勢いで走っていった。

ガラガラと戸が開く音がして、「先生～、お背中流しますぅ～」。そのあとは、「いいから！」「大丈夫だから！」と、悲鳴とも絶叫とも思える父の声が聞こえた。

翌日は祖母の部屋からは祖母の三味線とトニーさんの小唄が聞こえ、母の衣装部屋からは、「素敵～」「キラキラ～」「欲しいわぁ～」とスパンコールのベレー帽やら、ラメラメのストッキングやら、かつらまで抱えてトニーさんが出て来た。

2泊して帰る時、ボストンバッグはひとつ増え、2つになっていた。

「楽しかったです。ありがとうございました」

トニーさんが真面目な顔で言った。

「私たちもいつかお店に行くからね！」

「いつだって待ってるね！」

「僕も行くね～」

「ヨシ君は大人になってから来てちょうだい」

「終わりがあれば始まりがきますからね……」

祖母がそう言うと、トニーさんは「あっ」と言って、祖母に抱きついた。

小唄を唄いながら、祖母に切ない思いを話していたようだった。

父と母は、ハイまたね！ってな感じであっさり見送っていた。これが普通のお正月なのかどうかはわからないが、良いお正月だったなぁと思ったのを覚えている。我が家は、こんな家庭だった。

家出してディスコに逃げ込む母を迎えに

世田谷の閑静な住宅街に引っ越し、無事に弟を出産して仕事を再開した母ではあったが、ネオン街から遠く離れた平穏な生活に少しずつ嫌気が差し始めていた……のだと思う。

都心で仕事が終わって、ちょこっと飲みに行きたいが、閑静な住宅街の煌々《こうこう》と明かりの点いた一軒家で、乳飲み子を含む家族と姑が食卓に着いて自分の帰りを待っていると思うと、ネオンに背を向けて首都高速に乗るしかなかったのだろうし、子供が寝静まっても世田谷まで足を延ばしてくれる酔っ払いなど現れなかったのだろうと思う。

「あなたたちは、新橋とどっちが好き?」

母はマドラーで氷をカラカラ言わせながら聞いた。

「こっち〜」

カンナと私が声を揃えて言うと、目を見開いて、「お店もないのに?」と母。

「結構あるよ! ミスタードーナツもケンタッキーも。住宅街の中に一軒家のサーティワンなんてカッコいいもん!」

「それは昼間でしょー! 夜のお話よ〜」

新橋にいた頃、家族で夕食を食べに出かけても母は真っ直ぐ帰りたがらなかった。六本木や原宿辺りで食事をした後、母の機嫌が良ければ当時飯倉にあった会員制のボウリング場へ行った。父も母もマイボールをロッカーに入れてあって、父は結構真剣に投げていたが、母はお酒を飲みながら9ポンドのボールに開いた小さい穴に長い爪の細〜い指を差し込んでは、ポトンっとボールをレーンに置いていた。コロン、コロン、と曲がらずに転がるボールは、コト、コト、コトリと意外にもピンを倒すのだった。
まだ開店前のゲイバーに寄ることもあった。

「やだぁ、神津先生も一緒って言うから急いで髭だけ剃ったわよ〜！　まだすっぴんですぅ〜」

つけまつげのない目で父にウインクをする「吉野」のはるみさんはHBの鉛筆で描いた下絵みたいだった。

「30分飲んだら帰るからね〜、ごめんよ！　はるみ」

きっと母にとって、「今日の一杯」は、一日を終わらせるスイッチみたいなもので、案外大事なものだったのだろうと思う。お酒の量も仕事の量も母には敵わない私だが、今は痛いほどわかる。どこにも寄らずに家に帰った夜は、父と喧嘩になる確率が高かった。

そのうち母は時々、家出をするようになった。

父と何かしら言い争いになると、母はタクシーを呼び、ネグリジェの上にミンクのコートを羽織り、お財布と化粧バッグを持つと、夜更けにサングラスをかけ「さよなら」と出て行った。結局、酔いが醒めネグリジェでは仕事に行けないことに気付き、早朝に着替えに戻って来るのだが……。

ある夏の夜更けには、ネグリジェ一枚で家を飛び出し、橋の袂《たもと》に立っていたところを自転車で巡回中のお巡りさんに発見され、身投げでもするのでは！と両脇を2人のお巡りさんに抱えられて帰って来たこともある。「離して～！離せ～！」と、母は身をよじらせて抵抗していた。

ちょうど母を捜しに行こうと外に出たカンナが、「まずい！」と思ったのだろう、

「すみませ～～ん！ちょっと母は仕事のことで色々ありまして。散歩に行くと……」

と、お巡りさんに駆け寄り頭を下げた。

「えっ！　メイコさんだったの？」

家の前で、お巡りさんが左右から母の顔を覗き込んだ。

母は、お巡りさんが母だと気付いてないとわかり、身投げしようとしている傷心な女を気晴らしに演じたに違いない。

正体がバレた途端、自由になった手を外国人のように広げ、

「カンナ、お茶でもお入れして差し上げてね。お世話様でした〜、フフ」

ネグリジェの背中をこれみよがしにお巡りさんに見せながら家の中に消えていった。その後、母がどんな顔をして父のいる寝室に入っていったのかは知らない。


そんな母をどこからか神様が見ていたのか、この閑静な住宅街に不思議なことが起きた。

なんと、家から駅に向かう途中にディスコができたのだ！　それも、ソウルトレイン風の造りというのか、店内の真ん中に細長い舞台のようなところがあ

り、その奥にある半円の舞台に繋がっている。

店員は男性が多く、全員アフロヘアにものすごい勢いで裾が広がっているベルボトムのジーンズ、大きな襟の派手なシャツの胸元をお臍《へそ》まで開けているか、ピタピタのTシャツに戦隊モノのような大きなバックルのベルトをしていた。

なぜこんなに詳しいかというと、ディスコができたと知った日の夜に、母は早速カンナと私を子分に従えて乗り込んだのだ。私たちはベルボトムのジーンズにタイダイ柄のTシャツを着させられ、母はコバルトブルーのムームーみたいなロングドレスを着て、頭を派手なスカーフで包み後頭部で結わいてフリンジの付いたスカーフを腰まで垂らしていた。

「チャオ〜」

アフロヘアの店員さんたちが次々に言う。母も調子よく「チャオ」と答えた。

小さな丸いテーブルに案内され、コーラを2つと水割りを頼んだのだが、おかわりを頼む時に母は、

「ボトルって、キープできるの？」

「もっちろん！」

「チャオ〜、じゃあお願いね」

そう、母は父と言い争うたびに、ここへ通うことになるのだった。確かに、橋の袂よりは楽しそうではあった。

テレビでニュースを見ていた父が不機嫌そうに言った。

「また、あそこだろ。カンナ、そろそろ時間だ」

住宅街にあるせいか、閉店時間が早めなのだ。

「明日は学校休みだから、はーちゃんも一緒に行く？」

カンナは決まって23時に自転車で母を迎えに行くのだ。私もカンナの後ろから自転車で付いて行った。

「チャオ！」「チャオ！」

カンナは、慣れた様子で店員に挨拶しながら母に近づいて行く。

ソウルフルなディスコミュージックが流れる中、細長い舞台の一番スポットの当たる場所で、母は踊りまくっていた。鏡獅子に負けず劣らず首を振り振り、ステップ踏み踏みして、全く私たちには気付いていない。

「ママ！　マーマ！！！」

変なポーズで母は止まり、やっと私たちに気付いた。

「帰ろうか～。ママ、まだ踊りたい？」

カンナが優しく声をかける。

のちに、これは作戦だったのだとカンナは言っていた。無理矢理連れ帰ろうとすると、踊りながらどんどん離れて行き閉店の合図のラストソングまで踊りをやめないらしかった。

「あら！　はーちゃんもいる～」

いつも通りだいぶ飲んではいるだろうが、踊っていたせいか目が据わっていない。

「今日はママ、ハッスルしたよー！」

一番大きなアフロヘアの店長が、出口まで母をエスコートしてくれ、あちこちからチャオチャオの嵐で今宵は終わった。

カンナの自転車の後ろには母のために座布団が紐で結わえてあった。母は「靴いらな〜い！」と、ピンヒールのサンダルを脱いで前の籠に突っ込んで、慣れた様子でドレスの裾をたくし上げ座布団に跨った。

するとカンナは、私たちが小さい頃に浴衣に締めていた三尺帯で母の体と自分をお腹の前でぎゅっと結わいた。

じーっと見ている私に、「三尺ならママが痛くないからさ」とカンナは言った。

私は姉の背中に三尺で結われている母を見て、笑いながら、「子守みたいだね！」と言った。

「親守だけどね〜。よし、出発進行！」

カンナの胴体に腕を回して夜風を浴びている母は、今度は気持ち良さそうに鼻唄を唄いだす。

「星の～流れに～身を占って～何処をねぐらの今日の宿～

すさ～む心で～いるのじゃないが　泣けて涙も涸れ果てた～

こんな女に～誰がした～」

「こんな女に～誰がした～」

家に着くまで最後のフレーズを繰り返して唄っていた。

「パパー！」

玄関の外に父の姿を見つけ、私たちはそう言ったのだが、母は、「大当たり～！

パパでーす！」と言った。

こんな母に誰がした～？

お茶碗とお椀はピサの斜塔の如く

母は色々と変わっている。結婚してから6軒の借家に住んだことになるのだが、一度も引っ越す家を事前に見たことがない。引っ越しの当日に荷物と一緒に新居に着き、

「今度はこんな家なのね〜」

と、なるわけだ。楽しみに取っておいているわけでもないし、忙しすぎて下見どころではないわけでもない、ただ興味がないのだ。長い地方公演に行った時の宿や楽屋と同じくらいの感じらしかった。

母は、新しく引っ越した家に何一つ文句をつけない代わりに自由に物を置い

た。玄関のシューズボックスが小さければ、「廊下を靴置き場にするわね！」と宣言。以後、玄関から台所までの廊下を通る時、私たちは忍者のように壁に背中を押し当て蟹歩きをすることになる。

引っ越しの前日、わざわざ買った外国のインテリア雑誌を水割り片手にペラペラ見ては「素敵ね〜」なんて言っていた母だが、雑誌のような家になったことは一度もなかった。

母は贅沢な人ではなかった。贅沢が嫌いなわけではないし、金銭感覚があるとは決して言える人ではないので、時には「欲しい！」と思えば、高い着物もドレスも買っていたのだろうが、そもそも宝石やブランド品に興味がなかった。母はもしも手元に100万円あったとしたら100万円の物は決して買わない。10万円の物を10個買いたいし、1万円の物を100個買えた方が楽しいのだ。

母が亡くなって、そのことをあらためて確認した。びっくりするほど断捨離を済ませていた母だが、最後まで捨てられずに引き出しに入れていたものは、100個の中の物ばかり……新旧入り交じったおもちゃが詰まった箱のようだった。父が母にはシャネルが似合う（？）とプレゼントしたバッグたちも、弟が絵が売れた時にスペインから母にプレゼントしたシャネルのスカーフも、すでに全てどなたかの手に渡り、面白い？　変わった？　大事なガラクタ？　だけが母の友だちのような顔をして並んでいた。かつて廊下を占領していた何百という靴はいつどこに消えたのか、車椅子になり浮腫んでしまった母の足が入る派手な靴が数足だけ玄関の靴箱の中に収まっていた。

弟が生まれるのを機に、都心の雑居ビルから世田谷の庭付き一軒家に引っ越し、母が一番困ったことは行きつけの飲み屋が遠くなったこととともう一つ、買い物する店が圧倒的に少なくなったことだった。

飲み屋は妊婦にはしばらく必要ではなかったが、お酒が飲めない母にとって買い物は必須だった。

なので、世田谷に引っ越してから我が家は毎月、スリッパ、お箸、ご飯茶碗、お椀が母によって買い替えられるようになった。母は歩いて行ける駅前の商店での買い物にハマったのだが、毎月新しくするとは恐ろしい。玄関には、ひと月を過ぎて役割を終えたスリッパがスーパーのカート置き場の如く連結されて並び、台所の棚にはお茶碗とお椀がピサの斜塔の如くなんとかバランスを取って積み重なっていた。

住み込みのお手伝いさんは、月初めにまるでゲームをするように真剣な顔でお茶碗とお椀を一つずつ積み重ねるのだが、ある月初め、斜塔を少し手前に支え持ち、お椀を一つ重ね元に押し戻すと、棚の上板にぴったりはまり、それ以上重ねることはできなくなった（ポジティブにとらえれば倒れる心配がなくなったとも言えるが）。

「奥様〜！　もう無理ですー。どうしましょう？」

「隣に積んでいきましょ！」

当時は、あまり台所に来ることのない父だったが、年末の大掃除で台所に入った時にお茶碗とお椀の塔を眺め、「だよな。定食屋でも始めるしかないな」と笑った。父は母のヘンテコなところを、決して直そうとはしなかった。

ある時、私が学校から帰って来たら玄関が綺麗に片付けられていた。その借家は面白い家でコンクリートの壁はブルーに塗られ、玄関はお店のようなガラスのドアだったので中が見える。よくセールスマンの類いの人が我が家の玄関先に立つと「こちらは寮か何かですか?」と言ったものだったが、その日は大量の傘も、連結されたスリッパの長い列も、母に送られてきて積み上げられている大量のお届け物も、物の陰になり誰にも見てもらえない置き物や、イタリア製の真鍮の靴べらもなかった。

「誰が片付けたのー?」誰も片付けたりしていなかった。

まだ幼い弟が近所の友だちと出たり入ったりするので、昼間は鍵のかかっていなかった玄関から何者かが侵入し、全て持って行ったのだった。

それ以降、父はガラスのドアの内側にカーテンを付けて、中が見えないようにし、弟には庭から出入りするようにと玄関は常に施錠されるようになった。

夜、仕事から戻った母はその話を聞き、「あらっ!!」と、一応びっくりはしたが、「でも、親切な泥棒でよかったわ！　物がないって素敵ね！　雑誌に出てくる家みたい!!」と初めて見る、何もない玄関になんだか感激すらしていた。

しかしその後、傘とスリッパとお届け物が再び玄関を占領するのに、そんなに時間はかからなかった。

その家の庭は広く、庭の真ん中に百日紅の木があり、その向こうには池があり、池の後ろ側は高台になっていて立派な枝垂れ桜があった。

父は池に金魚を放ち、金魚が大きく育つという怪し気な餌を与え、小ぶりの鯉のようにして楽しんでいた。

ある日、弟が原因不明の高熱を出し、検査の結果「鼠チフス菌」に感染しているとわかった。弟は、池で見たオタマジャクシがカエルになったのを見たくて、寝ているカエルを起こそうと池の中の泥に穴を掘り、母の枕元にあった小さな目覚まし時計を埋めたらしかった。その時に感染したらしい。

父は、鯉もどきの金魚を水槽に移し、池の清掃を業者に依頼した。

ヘドロの中から、数匹のカエルと母の目覚まし時計も出てきた。水を抜かれ、綺麗になった池を見て母は父に言った。

「ねぇ、今度はここをプールにしない？」

「金魚とカエルはどうするんだ」

「そうだった……住人がいたんだったわね！　残念〜」

私は、百日紅の木の横にボンボンベッドを置いて、パラソルを立て、池みたいな形のプールに入る母を思い浮かべて笑った。これまた雑誌には出てこない絵面だ。ヘドロまみれになった目覚まし時計を見て、さすがの母も枕元にもう一度置こうとは思わなかった。

「駅前に、時計屋さんあったわよね?」

2階の窓から見ていた弟に母は手を振ると、「新しい時計買いに行ってくるわね」と指でチクチクと針の動きをして見せた。

「はーちゃん、ママについていけ! 時計を毎月買わないように、ママがびっくりするくらい高級な目覚まし時計を買ってこい!」

父が言った。

今だから言える試験前日の水割りセットの話

我が家には、いくつか決まりはあった。たとえば、父が朝刊を開くまでは新聞に触ってはダメ。高熱を出している時以外は試験中だろうが具合が悪かろうが、両親が帰って来た時は玄関で「お帰りなさい」と言って出迎える。理由もなく機嫌の悪い顔をしてはいけない。母の出ている番組は全員で観て、とりあえず「面白かった」と言う、等々。

私が我が家で身につけたことは、親しい仲ほど気を使え！　だと思う。

家族なんだから気を抜いていい、手を抜いていい、みたいなことが我が家には全くなかった。

我が家が正しいというわけではない。家族の在り方はそれぞれでいいと思うのだけれど、〝気を使う〟ということが、忖度でもめんどくさいことでもなくて、〝優しさ〟として身についたことは、我が家で育った私の宝物だと思っている。

そんな両親であったが、勉強に関しては一切何も言わなかった。

姉カンナも私も、幼稚園から高校までエスカレーター式の私立に通っていた。当時はまだ〝お受験〟なんて言葉をあまり耳にすることもなかったが、小学部から中学部に進学するにあたって、外部から受験する試験を一応受けさせられたが、点数は酷いもんだった。「私、こんなにバカだったのか」と知る。

そして、受験を見事突破して入学してきた同い年とバカな私は机を並べることとなるわけだ。

この差はなかなか縮まらない。受験を見事突破したという達成感は幼稚園からの私たちにはないから仕方ない。中間試験だ期末試験だという学生生活となり、慣れた風にノートをまとめ、各色のラインマーカーを引いたりしている横で私は、「すごいね〜、すごいね〜」と親しくなった隣人にニコニコしながら精一杯気を使っていた。

我が家で身についた自然な気の使い方のおかげか、「まとめたノートをコピーしてあげるから、はーちゃんも頑張って！」なんて、私の隣人も優しかった。

感化されて成績が上位に上っていく幼稚園組もいたし、明るく元気で勉強しない私たちに魅力を感じたのか下位に下りてくる受験組もいた。

ま、私はいつまでも定位置で、綺麗なノートのコピーをもらっては、ずーっと眺めて安心していたのだが、試験前日になって最初のページしか覚えてないことに毎回気付くのだ。

その日も結局一夜漬けとなった私は机に向かっていた。

そこへ、仕事から帰宅した母が、しばしリビングで寝酒をたらふく飲んだ状態で〝トントン〟とノックをしてドアを開けた。机に向かっている私を見て、

「あらっ、また試験？　やだね〜」

試験前しか机に向かわないから母にもわかるわけだ。

2歳から働き、小学校しか行ってなくて酔っ払いの母には、試験のために机に向かう理由がわからなかったのだろう。「寝ちゃえば？」と言った。

「寝れたらいいんだけどね。さすがに今夜は眠れないんだ〜」

心の中で「早く出てってー」と思いながら、私は母に微笑んだ。

すると、「よしっ！　ちょっと待ってて」と言って、酔っ払いがやっと上って来た階段を軽やかに下りていると思われる音がした。

しばらくすると今度は一段一段〝ドーンドーン〟と異常にテンポの遅い足音が近づいてきた。

ノックはなく「は〜ちゃん！　あ・け・て」。

ドアを開けると、肩を丸めたオランウータンのような母が立っていた。母には重すぎたのだろう、膝の辺りに持ったお盆には、小さなアイスペールとミネラルウォーターの瓶と茶色い液体の入ったグラスがのっていた。

「何？」

「重い！　持って！」

お盆を受け取ってから、もう一度聞いた。

「これはなぁに？」

両手が自由になった母は、満面の笑みで言った。それも母親みたいな言い方で。

「これ飲んで寝ちゃいなさい」

試験の前日に机に向かっている娘にウイスキーの水割りセットを持ってくる母親がいるかっ！

私は一度受け取ったお盆を母に渡しながら、

「おやすみ～」

とだけ言ってドアを閉めた。

ドーンドーン、母はゆっくりと階段を下りて行った。そして私は赤点を取った。

まぁ、担任の先生も私が勉強が好きでないことはわかっていたし、点数でへこんだり不機嫌になったりしない私のことが嫌いじゃなかったから（たぶん）、叱られることもなかった。三者面談で赤点を取ったことを母に伝えられたが、母は赤点がどういうものか知らない。なのに突然涙をポロポロ流し始めた。

赤点を取ったことを父に報告すると、「そうか」と一言だけだったが、ママが泣いたと言うと、父は力が抜けたようにプッと笑った。

その夜のこと、

「あんたは泣いたらしいねぇ！」

「そりゃそうよ！」

母は言った。

「だって私ね、その赤くなっちゃった点？　の前の晩に、机に向かってるはづきがなんだか不憫で、ウイスキーの水割りをルームサービスしたのよ。これ飲んで寝ちゃいなさい！　って。なのに、はづきったら突き返したのよぉ！　飲みゃいいのに。だってそうでしょ！　飲んで寝ちゃえば全て私のせいにできたんだもの！　バカね〜と思ったら涙が出てきたのよ」

父も私も無言で聞いていた。否定しきれないところもあったから。

最後に母が父に言ったこと。

「ところで赤くなった点てなぁに？　赤紙みたいに職員室に召集されること？」

こんな時、いつも〝吉本新喜劇〟みたいに家族は床に倒れそうになる。母は面白すぎる。

でも父は、「何も言うな」と私に目で合図を送り、「ま、そんなとこだな」と言って話は終わる。

後日、父は私に言った。

「勉強しろ！　と言われて勉強しても、それはあなたの人生ではない。したけりゃすればいい。我が家には門限がないだろ。22時までに帰れば良い子、22時を過ぎたら悪い子なんて意味がない。やろうと思えば22時までにいくらだって悪さはできる。だからね、自分の行い、生き方は自分で決めなさい」

父がいてくれてよかった！　もし我が家が母子家庭だったら、私はどうなっていたのだろう。

でも、もう少し「勉強しろ！」と言われていたら、もう少しなんとかなっていたのかもしれないな。

伊東四朗さんが見破った差し入れの秘密

この世に出た時から私と姉カンナは何一つ似てなかった。見た目も違えば性格も趣味も全く違う。

同じ親から生まれたのにDNAの組み合わせって不思議だ。

でも姉妹が違うことで役割や対処法のバリエーションを分散できたから助かることも多かったと思う。姉も私も、もし一人っ子だったとしたら本当に辛かっただろうと思う。考えただけでぞっとする。その気持ちを共有していたから私たちは仲が良かった。

4歳上のカンナが、高校を卒業後にニューヨークへ留学した。私と5歳の弟が残されたわけだが、次女も、カンナから見たら14も離れた5歳児も、いかにカンナから恩恵を受けていたかを思い知らされることとなった。

姉は幼い頃から姉らしく「はーちゃんは今、○○に困っています」「はーちゃんの本心は○○です」と親に言ってくれていた。親も長女カンナを頼りにしていて、父は「そうか」「了解」という感じだったし、母にいたっては「あら、カンナ、何とかして！」「えぇ～そうなの？　カンナ、どうする？」ってな具合だった。

さあ困った。じかに親と話さなければならない時がやってきたのだ。

父は毎朝、世田谷の家から六本木の学校まで私を車で送ると決めた。否が応でも父と2人だから何も話さないわけにはいかない。ラジオを聴きながらだったので、自分のことばかりではなく、世の中に起きていることについて話したり質問したりもした。

真冬の寒い朝などは、父が先に暖めてくれていた車に乗るなり爆睡し、「着いたよ」と起こされることもあったが、確実に父との距離は近づいていった。

問題は母だ。あの母にカンナは厳しくて、泣きながら言い争ったりしていたが、私よりずっと母に優しかった。私は姉の陰に隠れて「ホントにママは変な人〜」と明るい傍観者として母のことは半ば諦めていたから母と喧嘩なんてしたことがなかったのだ。

しかし、その私も15歳の思春期だ。カンナがいなくなってしまった今、どうやってあの母とうまくやっていけばいいのかわからなかった。

たとえば、母と台所に並んで母から料理を習うとか、体操着のほつれを直す縫い方を母から教えてもらうとか、何か母から教わることが一つでも見つかればよかったが、そういうのが全然無理な母だったし。

ならば父のいない夜に、仕事から帰った母とゆっくり語り合ってみるか！

とも思ったが、父がいない夜に母が真っ直ぐ家に帰ってくるわけがない。まず、シラフで帰るはずはなく、丑三つ時に上機嫌な母の「はーちゃん元気なの？」

なんて問いかけに乗っかって「あのね、ママ」なんて悩みを話したとて、瞬時に「ママもねぇ」と、自分語りを始めるに決まっている。

そんな母を私は、決して嫌いではなかったが、母として慕うとか娘として寄り添うとかは無理だと思い込んでいた。


その頃、母は毎週月曜日はNHKの『お笑いオンステージ』という番組の収録で一日中NHKのスタジオにいた。番組には必ずアイドルさんが一人、歌のゲストで出演するので、郷さんの時は、私は学校帰りに母の仕事場を訪ねることがあった。

当時はまだセキュリティも甘く、NHKの入り口で中村メイコの娘と言えば、すんなりと入ることができたのだ。

家で母といるより気楽だった。綺麗で（役によっては酷い時もあったが）、楽しそうで、全ての人に細やかな気配りをしていた。なんといっても酔っ払っていないし。

三波伸介さん、伊東四朗さん、東八郎さんのレギュラー陣に加え、トニー谷さんやポール牧さん等が加わり一日かけてドタバタ喜劇を作っている中にいる母はイキイキとしていて、そんな母を見ると家の中での母を許せる気にもなった。いつしかセーラー服の私もレギュラーのようになり、休憩時間には三波伸介さんと食堂に行ったり、トニー谷さんにそろばんの振り方を教えてもらったり、ポール牧さんとパルコに買物に行ったりと、どの習い事の曜日より楽しい月曜日となった。

母はよくNHK内のスタジオのすぐ隣にあった「マルコア」という喫茶店から温かい紅茶を10人分ほど届けてもらっていた。

初めのうちは皆さん、「ありがとう」「いただきます」と、なんとなく紅茶を飲んでいたが、ある時、伊東四朗さんが「あっ、わかったぞー!」と、ニヤリと母を見た。

母も「何よ〜？」と、ちょっと噴き出しそうな顔をしている。

なぜか、「マルコア」のホットティーのソーサーの上には、銀色のミルクを入れる小さな入れ物にブランデーが入って付いてくる。

伊東さんは、全ての紅茶のソーサーの上に角砂糖しかないことに気づいたのだ。母が、休憩に氷水にブランデーの入った小さな入れ物をつまんでは入れ、つまんでは入れて（最低10個！）飲んでいたということを！

「来週からは、ぜひともコーヒーでお願いしますよ」

伊東さんは言った。

「イヤよ」

母は噴き出しながらも、カンニングを見逃して！　とでも言うようないたずらっ子みたいな顔で言った。

こんな母を間近で見て私は育ったのだが、こんな母を見ている時が一番楽しかった気がする。

母の舞台休憩中に楽屋で。

カンナがくれた「母の取説」in NY

1977年に姉カンナは高校を卒業するとアメリカに留学をした。当時1ドルは300円近かったはずだ。

姉は早稲田大学文学部を受けたいと思っていたのだが、父に「読める本はほとんど読んだんだ、違う世界へ行ってこい!」と、飛行機に乗せられた感じだ。まだ成田空港のない時代、羽田空港からアンカレッジ経由でニューヨークへ。

国際電話だって、家の固定電話からオペレーターを通して繋いでもらうのだが、かける前に必要な内容をまとめ、話す人の順番を決め、早口で要件だけを確認したら切る。そのくらいしないと高くて仕方なかった。友だちとは全てエアメール。『カナダからの手紙』の時代だ。

姉から初めて分厚いエアメールが届くと、家族全員が食卓に着き、父が読みあげた。

異国の大都会ニューヨークの描写から始まり、ニューヨークに住んでいる親戚のアパートに居候し、毎朝8時から夜8時まで英語の先生と行動を共にする生活に悲鳴をあげる様子や、9月から始まる大学への不安、物価の高さゆえの慎ましい食生活の報告、親への感謝とともにMAXホームシックの赤裸々な心のうちまで、早稲田の文学部を目指していただけあり、マンハッタンが、カンナの日常が、目の前に広がってくるようだった。そして胸が引き千切られそうな寂しさが伝わってきた。「はーちゃん、私がいなくて大丈夫かな？　私ははーちゃんにすごく会いたいです」というところで涙が溢れた。母は、父がエアメールの封を開ける前からすでに泣いていたが……。

父は翌日、姉に国際電話で「あまり感傷的な手紙は書くな」と言っていた。

次に届いた姉からのエアメールは、大学の寮に移ってからだった。授業のこと、寮の間取り、カフェテリアのメニューのことが書いてあり、最後にこう書かれていた。

「私の呼び名が決まりました。というか、みんなが私をこう呼ぶようになりました。サリー、私はサリーです」

父も母も私も声を出して笑った。サリー誕生！

姉の通うサラ・ローレンス大学は、ニューヨークの郊外にあったので、寮に入り演劇を学んでいた。そのうち寮生活が辛くなったのか、私は理由を知らないのだが姉はマンハッタンに一人用の小さなアパートを借りて引っ越し、コロンビア大学にも聴講生として通い出した。免許を取り、ボロッボロの車も手に入れた。

母がニューヨークに行く時は、運転手付きのリムジンで空港まで迎えに行っていた（知り合いに頼んで格安にしてもらっていたようだ）が、夏休みに私が行く時は、ボロ車を運転して迎えに来た。

その頃には私も高校を卒業したらニューヨークに行く！　と決めていた。本当に次女は楽ちんだ、全て姉が行くべき道を用意してくれているのだから。

しかしながら、現実は微妙に違った。

まず、私がアメリカに留学すると聞いた学校の友だちは爆笑した。

「いつも英語の授業中に寝てるのにぃー」

私は「だよねー」と笑いながら、「いいのいいの、ニューヨークに着いたら毎日12時間の英語漬けの日々が待ってるんだも～ん」と心の中で思っていた。

ところが父は言った。

「あなたはカンナのように、必死に勉強しなくていいよ。高いプライベートの英語の先生も必要ないだろ！　3年間好きなことをして帰っておいで」

妹は楽ちんだ、親の期待もない。

こうして、ついに私は1980年、友だちには笑われ、家族の期待は背負わずに、ニューヨークへ。1ドル240円の頃だ。

最初の2週間は、引き継ぎでカンナがいてくれた。カンナはボロ車を売り、私が頼んだ自転車と大きな観葉植物を買ってくれた。私が9月から通うことになったニューヨーク大学附属の語学学校まで自転車で通おうと思っていたのだ。

高いプライベートの先生がいない私に姉が、

「とりあえず、すぐ近くに語学学校があるから申し込んどいたよ！」

本当に家から徒歩3分、教室に入ると、窓が大きい割には小さな部屋に5～6人の生徒が座っていた。大学やTOEFLのための学校でないことはすぐにわかった。新入りの私以外は和気あいあい、それぞれ訛った英語で話している。その中に一人、日本人らしき訛りの人がいた。黒髪のおかっぱで驚くほど小さな顔はまるで日本人形のよう。あれ？　その美しい人は、藤圭子さんだった。

テレビで歌っていた圭子さんの物憂げな歌声が私の頭の中で再生された。でも、目の前にいる圭子さんは、ジーパンにTシャツでニッコニコの笑顔で「イッツア ワンダフル デー トゥデー、アイラブディス シーズン！」と言っていた。何か理由があってお仕事を休んでニューヨークにいらしたのだろうけれど、「ニューヨークに来てよかったね！」そう思わせる圭子さんだった。

11歳離れていたが、週3日会ううちにすっかり仲良しになった。

「今日グランドセントラルのオイスターバーで、ボーイフレンドと待ち合わせてるから一緒に行かない？」

と、ある日誘われ、クラスが終わると2人でグランドセントラル駅まで歩いて行った。

圭子さんは、「ここ、ここ〜！」と、お店に入って来た千鳥格子のジャケットを着てビジネスバッグを提げた日本人の男性に手を振った。声はいつもの聞き馴れた掠《かす》れ声だったが、はっちゃけた笑顔で「ほら、はーちゃん、はーちゃん！」と、その男性に私を紹介してくれた。

その男性は圭子さんの肩に手を置いて、私に言った。

「はじめまして、宇多田です」。のちに、ヒカルパパになる人だった……。

9月になり、私はニューヨーク大学附属の語学学校に移った。自転車で通う予定だったが、ニューヨークに来てすぐ近所に自転車で買い物に行った際、僅《わず》かな隙に前のタイヤが盗まれた。頑丈な鍵で後ろのタイヤをガードレールに固定していたのだが、どうも、前のタイヤを外して後ろのタイヤと重ねて鍵を掛けなきゃいけなかったらしい。私には、なかなか大変な作業だったから心が折れた。仕方なく、前輪なし、ほぼ未使用の自転車を格安で友だちに譲り、ワシントンスクエアにある学校までバスで通うことにした。

学校にも慣れ、ブロードウェイにあるダンスのクラスやボーカルのクラスにも通うようになっていた。週末には、並んで安いチケットを買ってミュージカルを観たりと、父に言われた通り好きなことをしてニューヨークを満喫していた（萬田久子さんと出会ったのもこの頃だ）。ホームシックになることはなかったから、感傷的なエアメールなど無縁だった。もちろん全てサリーのおかげだけれど。

そんなある日、父からの国際電話。

「来月、ママを一人で行かせるから頼むね」

マジかぁ！　とうとうその時がきたか。

当時、私が母と共生するには条件があった。母の隣には父がいて、私の近くには姉と幼い弟がいる。母と2人は無理。父は私に12時間コースの英語の先生は送ってはくれなかったのに、母は送ると言うのだ。

そしてカンナはエアメールを送ってきた。

母の扱いについて細やかに書いた母の取扱説明書、いわゆる取説《トリセツ》だ。

①ママを一人にしないこと。

②ママのお財布とパスポートは常にあなたが持ってること。

③買い物時はママから目を離さないこと。
④あなたは未成年でお酒は買えないから、ママが来る日までに誰かにウイスキーを買ってもらっておくこと。2日で1本は飲むので3〜4本は必要。
そのほか、母を連れて行くと喜びそうなレストランの住所と電話番号やリムジンの頼み方、最後には、私は母が苦手とわかっているから、「こんなことで困った時は！」と、母の非常事態の対処法まで書かれていた。

「いやぁ無理でしょ〜、私には」

エアメールをザザッと畳んで封筒に入れながら私は、溜め息混じりにボヤいた。生まれて初めて母と2人で1週間、しかもほぼ24時間一緒に過ごすのだ。緊張などしないが、迫り来る逃げ出せない事態にただただ茫然としていた。

母がやってくる日が近くなると、あらためて姉からのエアメールを広げて私は赤ペンで書き足した。
⑤学校に行く間は一人で留守番してもらう。

⑥一人でも買い物ができるように教える。
⑦私から目を離すな！　と母に言う。
⑧ウイスキーはとりあえず1本買っておく。
そうだ、母を空港からバスに乗せてマンハッタンに来させよう！　と決めた。母と夕飯を一緒に食べてくれる大人を6晩分決めてお願いした。ニューヨークにやってくる母に一晩付き合ってくれる大人を見つけるのは簡単だった。母を空港からバスに乗せる計画を話すと、大人たちから「そりゃダメだよ！」「ファーストクラスから降りて来てバスはないわね」「妹はひどいね」と総スカンを食らい、日本レストランの社長さんが運転手さん付きで車を出してくださることになった。

カンナの留学時代にはアンカレッジ経由だったフライトも、私の時代には直行便が飛ぶようになっていたので、母が一人で東京でバスに乗ったり電車に乗るよりは安心だ。道に迷うことも乗り越すこともないから、好きなだけ飲んで好きなだけ寝ていればいい。私は、母が酔っ払った状態でニューヨークに着いてしまうことを想定して、機内まで航空会社の地上係員のかたに迎えに行ってもらうことだけ、姉の取説に従ってお願いした。

ファーストクラスの上にお迎え付きの母は、航空会社のかたに荷物を載せたカートを押してもらい誰よりも早く到着ロビーに現れた。

「あー！　そう来たか」

カメレオンの如く、その場面場面に合うと思われる「母像」で現れる母。今日は山岡久乃でも三田佳子でもなく、往年のハリウッド女優（誰だかわかんない）で登場のようだ。

大きな帽子を斜めにかぶり、大きな黒いサングラスをしたまま両手を広げ、

「は〜ちゃ〜ん！　元気そうね。フフフ、よかった！　私の娘です」

と係のかたに紹介すると、

「わざわざお迎えに飛行機の中まで来てくださったのよ！　よくお礼を申し

上げて～」

私は、満面の笑みで「お世話になりました」とお礼を言ったが、心の中で「私が頼んだんじゃー！」と思っていた。

運転手さんの待っていてくれる車に乗り込むと母は、サングラスを外し帽子を脱ぎ、「やった、やったー！　ニューヨークだー！」と両手を上げ、足をバタつかせ「ウッヒヒ!!」と笑った。往年のハリウッド女優はもう終わったようだった。車に乗るまでサングラスを外さなかったのには理由があった。サングラスの下で、13時間の長旅で糊が剝がれたつけまつげが今にも落ちそうにひらひら揺れていたのだ。

「はーちゃんと2人での1週間なんて初めてね！　カンナとは違うことを色々考えてくれてるんでしょ～、楽しみだわ～。あなたも待ちどおしかったでしょ～」

「……うん」母との長い1週間の幕が上がった。

バスに乗る母は鬼退治に行く一寸法師!?

母と1週間2人で過ごす。えらいこっちゃ!

生まれて初めてのことだから、どうしたらいいのかさっぱりわからなかった。決して母を嫌いなわけではなかったが、何をするにも手がかかって面倒くさいし、女優だからと思えば「仕方ない」と付き合えるのだが、母娘として小さなアパートでの1週間は途方に暮れる。とりあえず6日分、母と夕飯を食べてくれる大人は確保したのは前述のとおり。

「喜んで! だけど、久しぶりのママと2人の時間なのにいいの? お誘いありがとう」

こちらこそ「ありがとう」だ。

ブロードウェイの良い席も取ったし、ジャズライブも予約した。母が好きそうな面白いブティックや雑貨屋も思いつくとメモした。部屋のカレンダーに、ディナーの時間や場所、ミュージカルやジャズライブの時間を書き込みながら、途方に暮れていた1週間に予定が埋まっていくとホッとしたのだが……。

「待てよ、この予定の全てにおいて、母の隣には私がいるってことだよな」

私はまた途方に暮れるのだった。

母は水割りをカラカラさせながら、数ヶ月は暮らせると思われる数の服をトランクから出し、私の洋服を地層のように押しつぶしながらクローゼットにしまっていた。

「ママ、私さぁ、ダンスや歌は1週間休むけど、午前中の授業は休めないから、明日から朝、私が出かけたらママも一人で行動してね」

「えっ、学校行っちゃうの？」

「…………」

その晩、ディナーに行く前に、隣のデリカテッセン、角のコーヒーショップ、歩いて3分のデパートの場所を母と歩いて教えた。

「成城駅前のodakyuOXと、増田屋と、ママの好きなブティックに行くのと同じだからね！」

しかし翌日も、そのまた翌日も、母はアパートから一歩も出ずに私の帰りを待っていた。バッグを斜め掛けし、靴を履いて準備万端な姿で。

「さて、どこへ行く？」お天気が素晴らしい日だったので、バスに乗ってコロンバス・アベニューの母が好きそうなレストランでお昼をして、セントラル・パークを散歩して、5番街を歩いた。

母は、ティファニーやカルティエでは買い物をしない。興味がないわけではないが、これまでも書いているように母はもし100万円持っていたら10万円の物を10個、いや1万円の物を100個買いたい人なのだ。お土産の数も尋常ではないのだが、とにかくたくさん買いたい。

ティファニーの前でオードリー・ヘプバーン風にパチリ、Saks Fifth Avenueの回転ドアでパチリ、プラザホテルの階段でパチリ。そのための5番街だった。ただ1軒、母がどうしても行きたいお店があった。FAO Schwarz、19世紀からある老舗のおもちゃ屋さんだ。カンナからの取説にも「必ず連れて行くように」と書かれていた。母は、赤ちゃんのお人形と猫のぬいぐるみを両脇に抱えて「2つ買おうかしら」と聞くので、「またパパに怒られるよ」と答えたら、だいぶ悩んで赤ちゃんだけを買った。理由は、猫はアメリカ人の顔をしてないから、と。

買い物をしている時はいくらでも歩けるのに、帰り道になると歩けなくなる母をタクシーに乗せてアパートへ一度戻った。その夜は、ニューヨークに住んでいらした、ジャズトランペッターの日野皓正さんと食事をしてからジャズクラブへ行くので、母はどうしてもお召し替えがしたかったのだ。父と仲良しだったので、日本にいらした時は必ず家族で食事をしたりして、頼りない次女

（私）がニューヨークに行くことが決まると、自ら身元引受人となってくださった。日野さんはいつも母のことを「姐《ねえ》さん」と呼んでいたので、私はいつからか日野さんを「父さん」と呼ぶようになっていた。

まるでジャズシンガーのような出立ちになった母だったが、最後はお酒と時差とソニー・ロリンズのサックスで椅子から転げ落ちそうに。そんな見かけ倒しのジャズシンガーに「姐さん、帰るよ！」と言って、父さんは母をタクシーに乗せてくれた。アパートに戻りシャワーを浴びると、母は突然目を覚ましたので私は大声で言ってみた。

「いい！　よーく聞いてよ。明日はビレッジからソーホーに買い物に行くから、私の学校の方までバスに乗って一人で来てください。意地悪してるんじゃなくて時間がもったいないからね。

では説明します。アパート出ました、左へ、角をまた左へ、大通りに出ました、左手にバス停があります。バスが来ました、どれに乗っても大丈夫だから、ステップ上がったら『これ』（トークンというコイン）を入れる。しっかり摑まって前を見ててね、ワシントンスクエアの凱旋門が見えて来るから、そしたら降りる準備。必ず降りる人がいるからブザー押さなくて大丈夫。凱旋門の前でバスが停まったら降りてね！　そこに私はいま〜〜す」

「……えっ」さらに酔いが覚めたのか、母が言葉を失った。

「小田急バスと似てる？」

「同じよ、同じ！」私は調子良く答えた。母は私と2回ほど成城から渋谷まで小田急バスに乗ったことがあるだけだったが。

翌朝、私が目を覚ますと母がブツブツ言いながら部屋をぐるぐる徘徊していた。

「アパート出ました。左。角を左。大通りに出た。左見た。バス停あった。ドア開く、ステップ上がる、コイン入れたら〜前を見る！」

「その通り！　さすがです。では12時にここを出てね！　行ってきま〜す」

と、学校に向かったものの、心配で勉強どころではなかった。母がアパートを出る12時には私は母が降りるバス停に立っていた。

乗ってなかったらどうしよう。カンナに殺される。何台バスを見送っただろう、やっと母が着くであろう時刻になりドキドキしながら凱旋門に向かってやって来たバスを見ていた。バスが近づいて来ると、運転席の斜め後ろに想像よりも遥かに小さい母が見えた。鬼退治に行く一寸法師みたいだった。

ドアが開くと同時に母が飛び降りて来た。やはり小さい。母は、ハイヒールではなく運動靴を履いていた。ジーンズにセーター、ポシェットを斜めにかけて、顔はいつものフルメイク。バランスがおかしい。京劇のようだった。

「何食べたい？」

「えっ、褒めてよー」

「いやいや、1年生がバスに乗れたくらいのことだからねー」

実はホッとして急にお腹がすいたのは私の方だった。

ビレッジでピザを食べてソーホーを歩くと、母は目がキラキラしてきた。ひばりさんの『東京キッド』を口ずさんでいる。なぜ東京キッドだったんだろう？ 4軒目に入った店で、母はハイヒールを買い、履いていた運動靴を袋に入れてもらいハイヒールに履き替えた。7センチアップで京劇脱出、いつもの母に戻った。

オシャレな雑貨屋や若者向けの店に次々入り、

「このコースターを30個」

「このペーパーナフキンを50個」

「この靴下を全色（10色）5足ずつ」

母はハイヒールを履いて気持ちよく爆買いをすると、

「ねぇ、はーちゃん、お願い！ 帰りはタクシーで帰ろ」

「いいよ！」母との日々は続く。

イタリア歌曲を学ぶ娘を笑うな！

ニューヨークに3年間留学していた中で、一番大変だったのは年に一度日本から一人でやって来る母の世話だったことは確かだ。

英語、演劇、各種ダンス、歌と、様々なことを学んでみてはいたが、どれくらい身に付いたかは未だ不明だし、少なくとも学ぶのにかかった金額を私は全く取り戻せてはいない。

母が亡くなってからも、ある日父が言った。

「うちは、子供に財産は遺さないよ。カンナとあなたにはニューヨークへの留学で、渡す分は全て使ったから」

私が留学したのは1981年、SNSなんか宇宙人より想像もつかない時代だった。オペレーターを介しての国際電話は1分1000円、1ドル240円の留学は恐ろしくお金がかかっただろう。国際弁護士を目指すわけでも、音楽の才能が開花し父が夢見たバークリーへ留学するのでもない。私にいたっては、学生ビザがあるってだけで3年間やりたいことやっといで、という留学とは呼べない代物だと思う。

でも、この3年が私を大きく変えたと思っている。日本から離れ、家族から離れ、友だちとはエアメールでしか話すこともできない。「辛いよ〜」と手紙に書いても「大丈夫？」と返事が来るのは10日後のことだ。

私は、それまでいかに家族や友だちや世間に依存して生きてきたかを思い知った。ゲイの友だち、薬物がやめられない友だち、公園のベンチでずっと蟻《あり》に話しかけているホームレス……私は、今までの常識や人目を気にするのではなく自分が好きか嫌いか、自分の心に忠実に答えを出すことをニューヨークで叩き込まれた。

ダンスや歌は叩き込まれなかったと言うしかない。ジャズダンス、ブロードウェイが日本でも大人気だった時代、私のいた頃のニューヨークは、『フェーム』や『フラッシュダンス』などの映画のまんまだった。ブロードウェイにあるダンスのクラスに大きなバッグを肩から下げて入って行くとこまではカッコいいのだが、古いビルの中にある稽古場は、3回転以上ターンができる人は柱より前、2回転はその後ろ、1回転がやっとの人は一番後ろだ。遥か前方の鏡に映る先生の振付を見たいのだが、みんな背が高いから私は背伸びをしたところで何も見えない。仕方がないので、しゃがんで何人もの股の間から先生の振付を見ていた。それでも最前列には、劇場に入る前のウォームアップで、ブロードウェイに出演している俳優やダンサーもいたりして、私はそこにいるだけでハッピーだった。

ダンスの友だち（聞こえが良い）は、バレエのクラスやタップのクラスにも通っていると言うので私も通うことにした。

バレエのクラスは、さらに私とは種類の違う女の子だらけだった。手足と首の長いこと！　もしそこがサファリパークだったら確実に私だけゾーンが違う。バレエシューズを履いて爪先をものすごく外側に向けて自信ありげに歩く鎖骨と顎のラインが美しい女の子たちは、ちょっと受け入れ難い冷たさがあった。真似して歩いているペンギンのような私なんぞ全く受け入れてもらっていないようだった。

白髪に鼻メガネの綺麗なお婆さんが現れてアップライトのピアノの前に座ると、生徒は鏡の前のバーへ移動しピアノに合わせバーレッスンが始まる。バーは広いスタジオの壁にぐるりとあるので、私も鏡の前に立つことができたから片手をバーに置いて、前の女の子の真似をすればよかった。アン、ドゥ、トロワと鏡の方を向き、バーに足を乗せる時になり私は稽古を中断させてしまった。バーが高すぎて足を乗せられないのだ！　乗せたら最後、必死でバーに摑まっていなければ背後にひっくり返る。最早バレエではない。

両側の鎖骨綺麗系女子がクスッと笑ってから先生に手を挙げ、子供用のバーを出してあげても良いかと聞いた。私はまたもや鏡から遠い、中央に置かれた子供用の低いバーに一人立つこととなった。

休憩の時に、バーを出してくれた女の子に「ありがとう」と言ったら「It's my pleasure」お役に立ててよかったわと高いところから言われた。

それでも私はちゃんと通った、私が選んだバレエなんだから。

ある日、「白鳥の湖」に出てくる振付をすることになった。お腹の前で手を交差して両側の人と手を繋ぐものだ。私は小さいから真ん中に置かれたので手を交差し両側の女の子が私の手を取った。その直後、稽古場に笑い声が響いた！ピアノ弾きのお婆さんまで笑っている。私の交差した手は彼女たちの交差地点まで持ち上げられ、私は顔の前でバッテンをしている姿となり、鏡に映る私を見るや私とは違う生き物たちが手を叩いて笑ったのだった。それが最後のレッスンとなった。

ブロードウェイから少し離れたアップタウンの住宅街に、初心者に力を入れているというタップダンスの先生がいると知って、バレエのことは忘れて今度はタップシューズを買い初心者クラスに行ってみた。

「あぁ～、そういうことか」私以外は、全て子供だった。10歳未満。先生は温かく迎えてくれたが、東洋人の年齢ってわかりづらいらしいから、たぶん背丈からいって子供かも？　と思ったのかもしれない。

その日がタップ初めての私は10歳未満の中だろうがついていけない。休憩の時、先生が「ジェシー！　新しい子に教えてあげて」と言うと、ジェシーと呼ばれた最年長（10歳）と思われる女の子は嫌そうに肩をすくめてから指で私を呼び「タタタ、タタタ、タ」と、鏡の前で基本のステップを何度も何度も教えてくれた。今でも基本のステップだけは覚えているのはジェシーのおかげだ。

ジェシーに会いたいな〜！　ジェシーだって今やオバサンになってるはずだし。

母がニューヨークに来た時、ダンスのクラスを見学したいと言ったが、もちろん「ダメ」と言った。母が思い描いているであろうニューヨークのダンスレッスンと、私のダンスレッスンには、エアメールの返事くらいの時差があったから。

仕方がないので、プライベートの歌のレッスンに母を連れて行くことにした。ダコタハウスの近くのそのアパートには音楽の先生がたくさん住んでいた。ヴァイオリンやらフルートやらいろんな楽器を持った生徒がやってくる。

今となれば、私がなぜその先生のところに通うことになったのか記憶が定かではないのだが、その人はイタリア歌曲の先生だった。60歳くらいで奥様と2人で暮らしていて、グランドピアノのあるリビングで1時間のレッスン。母はイタリア歌曲と聞いたからか、なぜか着物を着てお土産にちりめんの風呂敷を持って付いてきた。

「ボンジョルノ〜!」「グラッチェ〜!」と、先生も、いつもは無表情の奥様も満面の笑みで母とハグをして、「ハヅキは上達してるから聴いていてください」と言って、レッスンが始まった。最初はピアノに合わせて発声をする。普通にドから1オクターブ上のドにいってまたドに戻るのだが、「ドードードー」とはいかず、「イーイ〜〜〜〜〜イ」と、1オクターブ上にいったところが長い長い、さすがイタリア歌曲です! って感じで、先生の左手のピアノと右手のもっともっと〜! というジェスチャーに合わせてどんどん声のボリュームを大きくする。先生が発声すると窓ガラスが悲鳴をあげるほどだった。

発声が終わると、次は巻き舌と、唇をブ〜〜ッと震わせる練習。イタリア語には必須だ。どちらも苦手で、グランドピアノに私の唾が飛ぶと先生は「オッケーオッケー」と布でそれを拭いた。そして最後はイタリア語で課題曲を歌う。

先生はいつもよりさらにオーバーに感情表現を求める動作を右手と顔で私に

指示した。

私は先生と2人のレッスンに慣れているので、母にいいところを見せたいわけでもなく先生の指示通りにピアニッシモ、フォルテッシモに加え、感情を入れれば表情にも表れ、歌いきった。

「ブラーヴォー！」「ブラーヴォー！」と、先生は私をハグして、母をハグした。先生夫妻に見送られエレベーターに乗った途端、母は顔をぐしゃぐしゃにしてプーッと噴き出し「あ〜〜、辛かった！」と言った。

「ホントに噴き出さないように、いろんなとこつねったり、悲しいことを思い出したりしてたのよぉ！　よくあなたは真面目な顔してやれたわね。偉い！女優向きかもよ！　辛かったでしょうにぃ、あれ吉本新喜劇よねー！　ハッハッハ〜！」（あの母に吉本新喜劇のようだったと言われるとは！）

バレエもタップも見せたらもっと楽しんでもらえたのかもね。私はニューヨークで大人になった。

地図にあいた穴は私だけのNY

父との約束の3年が終わろうとしていた。母は3回ニューヨークに来たが、結局父は一度も来なかった。

「見たら見たで心配になるし、あまり楽しくされていても面白くないから行かない」と、姉が留学していた時から言っていた。まぁ、来なくて正解だったような気もする。

私は色々な場所で様々な友だちができたが、携帯電話すらなかった時代だから、ばったりどこかで会わない限り、さよならも言わずに日本に帰ることになる友だちも少なくなかった。

姉から引き継いで住んでいたアパートはマディソン通りの37丁目にあった。比較的安全なエリアで、ドアマンもいるアパートだったが、夜が更けると中級の娼婦が立っていた。中級というのは、値段ではなく（値段は知らない）装いのことだ。五番街の高級ホテルのバーには、深いスリットのロングドレスを纏った美しい高級娼婦がいたし、ダウンタウンのマンハッタンから出るトンネルの入り口辺りには、ほぼ裸に近い（隠してる部分が僅かすぎる）娼婦が色とりどりに立っていたのに対し、私のアパート辺りに夜更けに現れる娼婦は、大抵スーツを着ていた。一見普通なのだが、スーツの中は下着だけなのだ。それは真冬でも変わらなかった。

高級娼婦は外には立たないし、トンネル組は裸にダウンや、偽毛皮（まだフェイクファー・エコファーという言葉がなかった）を着ていたが、うちの前は下着にスーツのまま、足下は黒のストッキングにピンヒール。客が現れない夜は、煙草を持つ指が震えていた。時々、見兼ねたドアマンが声のかからない娼婦をアパート内の小さなロビーに入れて暖を取らせていた。

遅くに帰ってくるたびに顔を合わせていたので、私はすっかりスーツの娼婦と仲良くなっていた。黒くて透けているブラジャー以外はいたって地味で、私が口紅を塗ってあげたいぐらいだった。

「ハヅキ、お帰り〜。寒いねぇ……コーヒー飲まない？」

私は隣の24時間のデリでコーヒーを3つ買ってきて、1つはドアマンに渡し、ロビーで地味な娼婦と何度もコーヒーを飲んだ。話などほとんどしない、手を温めるようにコーヒーをゆっくり飲むと「ありがとう。素敵な夜を」と言って、娼婦は再び寒空に出ていくのだ。後ろ姿に「You too!」と声をかけるたびに、なんだか違和感を覚えた……you tooってどうなの？　と。

その時刻は、マンハッタンのゴミ収集の時間でもあった。各階にダスターシュートがあり、そこに投げ入れたゴミは1階の巨大なコンテナの中に入る。そのコンテナを夜中にトラックで運び出しに来るのだ。

私のアパートの担当は、すきっ歯ではちきれそうなサロペットを着た、とてもチャーミングなテディという黒人の男性だった。

「ハイ！　ハヅキ、今まで何してたんだい？　寝る時間はすぎてるぞぉ！」と、私がロビーにいると必ずドアを開けて声をかけてからゴミ置場へ行く。

日本へ帰る日も決まったある日、父から電話があった。

「あのね、お母さんは2歳半から役者をやってきただろ、結婚して母親にもなったが、お母さんの人生は役者だ。母親としては子供がいて、いつか孫もできるかもしれない。でも死んだら役者人生はそこで終わってしまうわけだ。それは可哀想だろ？」

「ん？　まぁね、そうよね」

「まあ、じゃない！　暖簾《のれん》を下ろすことになるんだぞ！」

何の用の電話かわからないまま、珍しく強めな口調の父に「あぁぁぁ、それは可哀想」と答えた。少し間が空いて父はこう諭すように言った。

「だから、あなたが暖簾を継ぎなさい。日本に戻ったら役者になりなさい」

4歳の時に、父に普通のことができない母のことを言いつけたら「パパも我慢するから、あなたも我慢しなさい」と言われたことを思い出した。その言いつけを守って生きている私だから、ニューヨークに母が来るたびに大変だったのだが、父に3年間好きなことをしていいと言われ、ダンスだ歌だ演劇だと好き放題やってきたんだから、父の言うことを即座に断ることもできない。

でも、「はい」とは即答できずに父に言った。

「あのね、ニューヨークに来て私、さらに太ってさ、現在58kg。ダンスだって歌だってさ、なんだかなぁ〜だしね。第一！　街を歩いていても『女優になりませんか？』なんて声がかかる娘じゃないいんだよ」

父は言った。

「渋谷を歩いてみろ！　美人ばかり歩いているか？　変なの、酷いの、色々いるだろ。芝居の中にも美人でない人は必要だ。飯田蝶子、菅井きん、悠木千帆（樹木希林）、彼女たちを見たまえ！」

なんとなくバサリと傷つけられた21歳だったが、そう父に言われ、またも腑に落ちた。あの鎖骨綺麗系バレエ女子ではないけど、3回転ターンもできるようにならなかったけど、そんな人間をやる役者がいてもいいってことか、と。

親の言うなりとか、親の七光りとか、どこかで言われたとしても「別にいいや！」と思った。宿命のようなものをストンと受け入れる私がそこにいた。

部屋に貼ってあるマンハッタンの地図には、小さな赤い頭の虫ピンが筋子のように刺されている。3年間に行ったスタジオ、レストラン、コーヒーショップ、ブティックなどの場所を刺していたのだ。帰国前日、壁に貼られた地図から全てのピンを抜いた。窓からは向かいのビルの窓に反射した夕陽が僅かに差していたので、地図をかざしてみたら無数の穴がよく見えた。

最後の夜、私は深夜にアパートに帰った。入り口で、ドアマンとゴミ収集のテディが私を待っていた。ドアマンは何人かいるので他のドアマンにはすでにお別れの挨拶を済ませていたが、ラストナイトにいた姉の頃からいるドアマンは私を見るなり抱きしめて「寂しくなるよ」と言った。

テディが私に袋をくれたので中を覗くと、プラスチックのプレートの真ん中にニューヨークの文字と、自由の女神やエンパイアステートビルやビッグアップルの絵が印刷されている、お土産屋さんにある新品ではない物が綺麗になって入っていた。すきっ歯のテディが私の様子を窺っている。

その夜、私は泣かないように軽く軽く過ごしてきたが最後の最後になって泣きそうになった。3年間私のゴミを綺麗にしてくれた人、テディはいつも近くを通るだけでいろんなものが混ざった臭《にお》いがしたのだが、「ありがとう」と言って私は片手に袋を握ったままテディに初めてハグをした。

その時、鼻の奥に届いた匂いは、誰も知らない私だけのニューヨークのように思えた。地図に刺した虫ピンのように心に刺さった全てのことが混ざった匂い、もう嗅ぐことはない匂い。

ロビーに入り、エレベーターの方に向かうとドアマンが「さっきまでそこに座って待ってたんだが、仕事にありつけたようだよ」と、ソファの方を見て言った。スーツを着た彼女のことだ。

「今夜はとてもいい夜」

ドアマンに言ったニューヨーク最後の夜の私の台詞は、ちょっとカッコよかったぞ！

森繁久彌さんをジジと呼べなくなった

母は10代の頃から森繁久彌さんのことを「パパ」と呼ぶほど親しくしていた。10代の頃、「パパ、キャンプしてみたい！」と頼んだら「よし！　させてやろう、テントと食料は用意してやるから準備ができたらおいで」と言われ、数日後、母がリュックサックを背負って家を訪ねると、庭に大きなテントが張られていたそうだ。「ここなら怖いことも起きないから安心だ」と、母は森繁さんの息子さん2人と庭でキャンプをすることになったのだが、飯盒《はんごう》でご飯だけは炊かせてもらったものの、森繁さんが台所から肉だ刺身だと次々に運んでくるわ、庭の真ん中で唄い出すわ、1時間おきに夜回りするわ……で、最早キャンプではなかったという話を母から聞いたことがある。

父も東宝映画の社長シリーズや駅前シリーズの音楽をやっていたので、ご縁は続き、カンナも私も「森繁久彌」を認識する前から「ジジ」と呼んでいた。

小学生の頃に姉と2人で、映画『喜劇　女は男のふるさとヨ』を映画館に観に行ったのだが、内容は小学生が観て良いのやら、というものだった。ストリッパーを斡旋する芸能事務所の夫婦が森繁さんと母、ストリッパー役は倍賞美津子さん、園佳也子さん、緑魔子さんがなさっていて、緑魔子さんが細くて悲しそうな目を整形するのだが、お金が足りなくて片方しかできなかった場面でカンナと私は大笑いした。帰り道、「ジジはすごい役者さんだったんだね」と姉に話したのを覚えている。山田洋次さんの脚本で、監督は森崎東さんだ。

私は、中学生の頃から帝国劇場で森繁さんが長く演られていた『屋根の上のヴァイオリン弾き』の楽屋に毎日のように通っていた。付き人の（守田）伸子《しんこ》さんの付き人だ。セーラー服から黒いパンツとTシャツに着替えて舞台の袖に立ち、暗転になると小さな懐中電灯を持って舞台の森繁さんを迎えに行く伸子さんに付いて行くのだ。母が劇場で芝居をする時にもやっていたので勝手は知っていたが、壮大なスケールのミュージカルの偉大なるテヴィエ（森繁さんが演じた主役）を迎えに行くのは毎回心が震えた。ジジは片手を伸子さんにしっかり握られて袖まで戻るのだが、もう片方の手で私と手を繋いでくれた。終演後はいつも通りの心配性のジジに戻り、日比谷から千代田線と小田急線で成城まで帰るという私に「やめなさい」と、リムジンに一緒に乗って、ご自宅のある千歳船橋の駅前で降ろされた。「成城まで2駅なら大丈夫だろう」と。

そんな森繁さんから、ニューヨークから帰国してすぐに呼び出され、ご自宅に伺った。リンカーンセンターで『屋根の上のヴァイオリン弾き』を観た時にもすぐにジジにエアメールを出したし、時々「おでこのニキビたちは元気かな？」とか、ジジからのハガキがポストに入っていた。帰国のお土産は5番街の高級チョコレートが3粒入った小さな箱を持って行った。

ジジの話は、『屋根の上のヴァイオリン弾き』のオーディションを受けろというものだった。ニューヨークから帰って来たら母の後を継いで役者になるという話を父か母から聞いたのだろう。

「役者になるのなら、板の上で学びなさい」

私は言葉に従いオーディションを受けた。役者、歌手、ダンサー、たくさんの人が受けに来ていたが、ロングランのミュージカルだからレギュラー陣はいて、僅か数名の新入りのためのオーディションだった。

金ボタンの紺のブレザーにボックスプリーツのスカートを穿き「二期会から参りました森公美子です」と名乗った人、この先、長い友人となるモリクミに出会った日でもあった。数少ない枠に2人とも受かったのは、「体型と座長（森繁さんのこと）の口添え」と陰で言われていたようだが、ま、本当のところかもしれない。私が森公美子と仲良くなったわけは、その辺りに由来する。

私は村娘その8くらいに、モリクミは村の母親その7くらいとなった。大部屋は面白いところだった。年齢も芸歴も幅が広い。顔を見て誰だかわからなくても、長きにわたり様々な舞台に出演している大先輩もいるわけだ。だから、初舞台の私は大部屋の中で1番下々の者となる。

「こんなとこに座ってるの見たら、お母さん悲しいでしょうねぇ」

「今回頑張れば、看板さん（役をもらって一人の楽屋にいる役者さんのこと）にしてくれるって？」

「2槽式の洗濯機って回したことないでしょ？　やってみたら？」

みんな優しい声でいろんなことを言う。

「そういうことか〜」私が舞台の上でやらなければならないのは、大したことではない。台詞で言ったら「ホント！」の一言だけだし、踊るといっても私はフォークダンス程度だ。あとは、買い物籠を提げて寒そうに上手《かみて》から下手《しもて》に歩くとか、サンライズサンセットを合唱する程度。カーテンコールにも登場するのだが舞台の周りを走りながら自分が正面に来た時に素早くお辞儀をする……時間にしてたった2秒だ。ジジは「板の上で学びなさい」と言ったが、それは楽屋の板の上でも学べということなのだと気づいた。実際、楽屋での学びは無限にあった。あまりの学びの多さに私は良いことを思いついた。

「舞台袖で勉強してきます」

私は、大部屋を出てミュージカルでは使わない花道の揚げ幕の隙間から毎日舞台を観ることにした。さすがに、それを怒れる人はいないだろうし、出ていなくても舞台の板の上で学んでるには違いないから。私は上手側の花道に座り、下手側の花道には同じような理由でモリクミが座っていた。公演は半年間で、最初の1ヶ月は名古屋公演だった。

私の頂くお金で泊まることができるのは、フロントが閉まる夜11時から朝8時まではなぜか部屋の冷蔵庫に鍵がかかる、ビジネスホテルの驚くほど小さなシングルルームだけだった。モリクミは、湯船が小さすぎてお湯に浸かれないと笑っていた。母が名古屋公演の時に泊まる部屋の中に私の部屋とモリクミの部屋が入ったと思う。ベッドの横の机の上には100円入れなければ観ることができない赤いテレビがあり、椅子の上にはサイズの合わない真新しい座布団が置いてあった。

実はこの座布団、母が初舞台のお祝いだといって持たせてくれた物だったのだが、初めて楽屋に入った日、誰が決めたのか私の席はベテランさんの間で、お2人の座布団は立派な物だった。もちろん母がくれた物よりだいぶ大きい。どう見ても私が座布団と一緒に間に入ったら座布団の両側を上に持ち上げていなければならないだろう。私は、座布団を出すことなくホテルに持ち帰ったのだ。翌日小学生用の四角い座布団を買い、間に差し込んだ。

母は、名古屋には現れなかった。携帯電話もなかった時代だ、ホテルに帰って電話機の赤いメッセージランプが点滅していると大概は母からだった。自宅に電話をかけて母がいたら、電話代が高いのでかけ直してもらった。

「どう？　楽しくやってる？」

「まあね！　楽しいといえば楽しいかも」

「楽屋で足りない物ない？」

「なんにもないよ～。あ、座布団も無理だった」

「どういうこと？」

「サイズ的に入らなかった」

「あら、小さいのにしたのに！」

「八ツ橋みたいにして持ち上げてないと両側にご迷惑」

母は、ゲラゲラ笑って「あなたのそういうとこ、私は大好き。パパに話しとくわぁ！　そちらのパパにもよろしく言ってね」と。そちらのパパとは森繁さんのこと。私はもう、ジジとは呼べなかったが。

名古屋の1ヶ月の間に、一度だけ座長に呼ばれてホテルオークラで極上のフォアグラを食べた。美味しかった。

「ハーコ、どうだ、うまくやれてるかな？」

「はい、問題ないです」

私は間違っても、大部屋の実態を座長の耳になど入れないし、座長と極上のフォアグラを食べたことも誰にも言うつもりはなかった。

人は、七光りだの、甘いだのと簡単に言うけれど、私は父に言われて暖簾を継いだだけだ！　八百屋の娘が八百屋になったのと同じなんだ！　見様見真似でも知らないうちに身についてるから、店の奥の座敷から一段下りてつっかけに足を入れて「はい、いらっしゃい！　今日は何をさしあげましょ！」とか言えるんだ！　それのどこが悪い！　どのリンゴが甘いとか、スイカを叩いて音でわかるとか、それは今から学びますから!!

冷蔵庫が開かない時間なので、外の自動販売機でお茶を買って狭すぎるホテルの部屋に帰り、どこに置いても大きすぎる座布団の上に座って、しばしボーっとお茶をすすった。その夜は赤いメッセージランプも点いてなかったから。

11人で住んだ家の真ん中にはビリヤード台

父と母がなぜ長く持ち家を持たなかったのか。本当の理由はわからないけれど、父は「一番稼いでる時に家を建てたら後々楽しくなくなるよ」と言っていた。

カンナが生まれるのでアパートから新婚にお似合いの麹町の一軒家へ、ホームパーティーができる庭の広い代田の一軒家、母の生放送と子育てと夜な夜なの宴会に便利な新橋のビルの8階、生まれてくる待望の男の子を健全に育てられる(母が健全でいる)盛り場から離れた閑静な住宅街成城……と、その時の自分たちの生活に合った家を探していたようだ。

確かに立派な「神津邸」に収まって生きていくのは似合わない家族だったかもしれない。どこかヤドカリのような生活が似合っていたと思う。

そんな我が家に一大事が起きる。11人で暮らすことになったのだ。

父方の祖母とは新橋から一緒に暮らしていたのだが、赤坂に暮らしていた母方の祖母も来ることになり、我ら家族5人、お手伝いさん2人、介護が必要となった父方の祖母と付き添いさん、母方の祖母と秘書さんみたいな人の合計11人。11人が暮らせる借家は見つからなかったので、父は53歳にして初めて家を建てることになった。カンナも私も成人して仕事もしていたが、まだ実家暮らしで弟は中学生になったところだった。

当時はバブル真っ只中で、11人が暮らせる家を住み慣れた成城に建てるなんて到底無理で、「成城に住めない人が住む地域」と上祖師谷にある立派な持ち家に住まれていた宍戸錠さんがそう自虐的に話していた、その上祖師谷に家を建てた。

「その時の自分たちの生活に合った家」だから、必然的に大きな家となったわけだ。8ＬＤＫ＋スタジオの母屋と、4ＬＤＫの祖母のための家とは地下で繋がっていた。

母屋から祖母の家に行く長い廊下は幅が広く取られていた。なぜなら、床から天井までの棚に母の靴（の箱）が積まれても蟹歩きしないで済むように。そして父は地下には大量の本や資料を入れる書庫と防音のスタジオを作った。父は、このスタジオにベッドも置いて自分だけの空間を作る予定だったのだが、グランドピアノと大きなスピーカー4つ、様々な機械を入れたらベッドなど置くスペースはどこにもなくなった。仕方なく父は2階の母のダブルベッドの横にシングルベッドを運んだのだが、父のマットレスは母のよりだいぶ薄く、父は母の隣で一段低い位置に寝ることとなった。

玄関を入って、扉を開けるとドーンと大きなＬＤＫがあるのだが、父はその真ん中にビリヤード台、壁にはキューを収納できるスタンドを置き、マイキューを買って立て掛けた。

父がビリヤード好きとは誰も知らなかったし、実際、特別好きだったわけではないと思う（たぶん）。ソファセットを置いて家族でそろってテレビを観るような家族ではないから、帰ってきた人が「1ゲーム！」とリビングに留まりたくなるアイテムとしてビリヤードを選んだのではないかと思う。中学生になったばかりの弟は大喜びで、毎日のように友だちを引き連れて帰って来ていたし、私たちの友だちや仕事関係の人が来ても、ソファがないから「座ってお茶でも」とはならず、冷蔵庫からビールやコーラを持って来てビリヤード台の周りで立ち話となり、誰もが一度はビリヤードをやって帰った。

「神津家にお邪魔する？」と言うよりは「神津家で飲む？」とみんなが言う家になった。

「バー神津」のママだけは、一度もビリヤードをすることはなく、みんなを見渡せる食卓の定位置で「あら、今日は誰が来たの？」と酔っ払っていた。

早い時間に人が集まった時は、地下で繋がっている母の母も誘った。地下から水割りのグラスを片手に現れて、若い人たちと楽しくお酒を飲んで気持ち良さそうに酔っ払った。この祖母は酔っ払うと本当に面白くて、私の友だちに大人気だった。

一番人気は、「鼻毛の芸」というもので、パントマイムなのだが、まず1本抜いた鼻毛をこよりを作るみたいに指先で擦《こす》ると長〜くなる。その長くなった鼻毛を右耳から入れていくと、鼻の辺りでチクチク、くしゃみをすると鼻の穴から鼻毛が飛び出し耳から引いたり鼻から引いたりしてくしゃみが止まらない。そーっと鼻から抜いて次は右耳から入って左耳に出た鼻毛を左右に引っ張るとくすぐったくてのたうち回る、最後は鼻毛がお尻から出てきたりして（パントマイムなので実際に出てくるわけではないのに、長〜く伸ばした鼻毛が見えてくるから不思議だ）……こんなことしてくれる祖母がいるだろうか！　それもとんでもなく面白いのだ。私の子供に見せられなかったことが本当に無念で仕方ない。

「おばあちゃま最高！」「イェーイ！」

と私たちが大喜びすると祖母は嬉しそうに次の出し物を考えるのだが、食卓に座っているこちらも酔っ払っている母が「ママッ！　もういいから寝なさいよぉ〜。ハイ！　お・や・す・み」とちょっとシラフのふりをして必ず言った。するとと今度は「ママ！　おばあちゃまに意地悪言うならママが寝なさ〜いよ〜」と3代目の酔っ払いの私が母に言う。

今思い返すと、女3代がお酒片手に笑って、酔っ払って、言いたいこと言って。3人でビリヤードをしたわけではないけれど、ビリヤード台がなくてソファしかなかったら、あんな時間はありえなかっただろうなぁと思う。

リビングの一番奥に、父方の祖母の部屋があった。こちらの祖母は認知症もあり、ほぼ寝たきりで部屋から出てくることはほとんどなかった。付き添いさんが言うには、ドア越しに賑やかな声が聞こえると、「お祭りだわね」と嬉しそうに言うらしかった。

私は、みんなが寝静まって静かなリビングに深夜に帰る時は、祖母と付き添いさんを起こさないようにそーっとドアを開け、冷蔵庫を開けてお茶を飲んでから2階へ上がる。翌日祖母の部屋に行くと祖母は「あら、はーちゃん」とにっこりしてくれたが、「昨日は静かで、少し恐い夜だったわねぇ、憲兵隊が見回りに来てたもの」「昨夜《ゆうべ》は憲兵隊が来たの?」「そうよぉ、だからあなたも気をつけて!」私は、惚けてる祖母に話を合わせたのだが、祖母が言った。「だって、あなたが帰って来たのは2時を過ぎていたわよね」

付き添いさんが「ドアの音がすると時計を見るんですよぉ。なんではづきさんだとわかるんでしょうねぇ」と言ってハッハハ〜と笑った。

それから遅く帰った次の日は「おばあちゃま、昨夜私は何時に帰ったか知ってる?」と聞きに祖母の部屋に行った。

「2時よ」「4時よ!!」と、答えてくれていたが、段々と「さあねぇ」「あなた出かけたの?」と憲兵隊も私の帰宅時間も気にしなくなっていった。

祖母が亡くなった夜、父は祖母が寝ている真上が自分のベッドだから、そこで一人で寝たいと言ったので、お線香を絶やさないように母と姉と私は祖母の部屋に布団を敷き並んで寝た。ところが明け方に窓の外で大きな音がして私たち3人は目を覚ました。祖母の横でぐっすり眠ってしまったのだ。

「ごめんなさーい!」私たちは慌ててお線香を3本立てた。

私は、憲兵隊に起こされたんだな……と思った。

母娘の初共演で叱られたのは母だった

母が亡くなって一番思うことは、真面目に話してみたかったということ。父のせいにするわけではないが、私は4歳の時から「母は特別な生き物」として付き合ってきた。

実際、母は特別な生き物だったのだと思う。母の逝き方を見てもそう思わざるをえなかった。あんな風に死ねるんだぁと。死ぬ日まで2日で1本ウイスキーを飲み、大晦日にベッドで紅白歌合戦を観ていたら、ちょっと息が変なのと父を呼び、抱き起こされて父の指に自分の指をかけ、父が3回背中をさすったら母の指がストンと落ちて……母は気持ち良く酔っぱらって寝ているようにしか見えなかった。

「あなたには敵わないよ、見事ね」私が亡くなった母に最初に言った言葉だ。

学校で何かが起きても、好きな人ができてもフラれても、私は母に相談したことは一度もなかった。痛い時と、一緒に映画やドラマを観てる時しか涙も見せたことはない。もちろん母は忙しかったし、家にいれば酔っ払ってたし、それでも母はものすごく母のつもりでいるから、私の顔を見て様子がおかしければ「具合悪い？」「なんかあったんじゃなぁい？」と言った。そのたびに「すごいな〜。わかるんだな〜」と実はものすごく嬉しかったのだけれど、「ママ、聞いて！」とはならなかった。それぐらいの距離感が一番良い関係でいられると知っていたから。もし話したら母の話にすり変わり、母のお酒を飲むペースが速くなり、母の話を聞くのに辟易として、「そろそろ失礼します」と私は退散することになるのだ。

父に言われて、母の暖簾を継いで役者になってからも、芝居について母と真面目に語り合った記憶がない。元々母は「演劇」を熱く語るタイプではなかったし、母であっても特別な生き物である母から料理や裁縫を習おうとはしなかったのと同じように、役者としても中村メイコではなく、もっと芝居にストイックな人から学びたいと思っていた（その頃の私は）。

『屋根の上のヴァイオリン弾き』の翌年、私は母と同じ舞台に立つことになった。１９８５年のことだ。祖母（母の母）が書いた本が舞台化されることになり、母が祖母の役を、私が母の役を演じることになったのだ。物語は、築地小劇場の座付き作家だった祖父と女優だった祖母が恋に落ち結婚するところから始まる。母が生まれ、人気子役となり戦争をくぐり抜け、スターとなった母が父と結婚するまでを、母親（祖母）から見た自伝的ストーリー。昭和の時代に翻弄されながら常にユーモアで乗り切った中村家の話、だった。

私は、いくら東宝さんが「本物の親子を使った方が面白いだろう」という判断をしたのだとしても、私の役がいくら母だったとしても、決まった日から炭水化物を抜いてダイエットしたといっても、若き中村メイコにはほど遠かったから、鏡を見るたびに居心地が悪かったし不安だった。だから、せめてもと何度も何度も一人で台本を読んでいた。

稽古に入ると演出の松山善三さんからは、もちろん私に、そして母にもたくさんのダメ出しが来た。

初日が開きしばらくたったある日、出演されている大先輩の女優、一の宮あつ子さんの楽屋に母が呼ばれた。

「メイコちゃん、あなたも随分と長いこと仕事をしてるけれど、親子で共演して、しかもそれぞれが自分の親を演じるなんて芝居、滅多にできることじゃありませんよ！　そりゃ、若い人は未熟です、でもはづきちゃんも健気にやってるじゃないの！」

「ありがとうございます！　ホントにはづきはまだまだ未熟でごめんなさ〜い、先生」と母は、親らしく答えた。すると一の宮さんの声が静かに高ぶった。

「今日は、はづきさんの話ではありません。あのねぇ、一度しか言いませんよ。健気に日々芝居を重ねている若い人を笑わせようと手の込んだイタズラを舞台の上でするのはおやめなさい」

母は初日が開いて演出家がいなくなると、毎日どの場面でどうやって私を笑わせてやろうかと、それればかり考えていたのだ。舞台上で私に差し出すコーヒーカップの底に変な顔をした自分の写真を貼ってみたり、冬の日比谷公園で寒いからと私に手袋を差し出す場面で、楽屋のトイレにいつも下がっている、誰もが見覚えのあるゴム手袋を毛糸の手袋の中に少し見えるように入れて私に渡したりするのだ。来るぞ来るぞ！　と覚悟していてもうまいことやる母を見ただけで噴き出しそうになり、母はそんな私を見ると目の端で「ヤッタ！」って言うのだ。

やれやれ、私はどんな暖簾を継ぐことになるのか。一応、シュンとした母から一の宮さんに叱られた話を聞き、終演後に一の宮さんの楽屋へ行って「ありがとうございました」とだけ言った。一の宮さんは「あなたも大変ね」と笑った。

一度くらい真面目に語り合ってみたかったなぁと母がいなくなった今、すごく思う。でも、それは母がいなくなったから思えること。母は真面目に話せば話すほどいつしか喜劇的になってしまう人なのだ。

私を産む前に流産をしたので、次の子を身籠るのが不安で婦人科の先生に会いに行ったらしい。

「まだ会えていないあなたと無事に会えるようによ」と私に言ったので、私は頷いて母の話をめずらしく真面目に聞いていた。先生は「排卵日を確認しましょうね」とおっしゃったそうだ。それを聞いた母は「え？　ハイラナイ日があるんですか？」と言った、という話だった。

1992年、家族でバルセロナへ（父が撮影）。

母が私に教えた「ちゃんと」のこと

ずっとこどっこいの母だったが、躾は厳しかった。

「どんなに急いでいる時でも立ち止まって挨拶をしなさい」

「相手の目を見て話しなさい」

「お手伝いさんはママができないことを頼むのであって、あなたが頼むのはおかしい」

「あなたはお嬢様ではないの」

まだ幼い姉妹が芸能界、芸能人、自分の家庭を間違えてとらえないようにと、口うるさいほどだった。でも母は酔っ払いだったりするから、こちらとしても受け入れるか否かを迷う時も多々あった。15の時から「お酒は残さず飲むもの」「たくさんの男を見なさい」と酔っ払いの母はよく言っていた。「ハイハイ」と適当に答えていたと思うが、結局はなぜだか母の言うことを大概守ってきたような気もする。

私が仕事を始めることになった時、母が言った。

「一生懸命という言葉は使いなさんなよ、みっともないから」

母がその時、シラフだったか酔っ払いだったかは覚えていないが、母曰《いわ》く「一生懸命なんてね、当たり前のこと。生まれて死ぬまでが一生懸命なんだから」。

一生懸命が悪いということではない。でも確かに、スポーツの世界では一生懸命なんてベースにあるから試合前に「一生懸命頑張ります」なんて言わない。が、映画やドラマの制作発表の席で、若い俳優や女優が「一生懸命やらせていただきます!」「一生懸命頑張ります!」と言うのは、よく耳にする気がした。

母がいなくなった今、すっとこどっこいで酔っ払いの母が恋しくなる時がある。母はハチャメチャでいつもぐでんぐでんだったけれど、ちゃんと生きたんだなぁと思うから。

「酔っ払ってていい、すっとこどっこいの母親でいなさい、あなたもちゃんと生きてるんだから」母が私にそう言ってくれているような気がするのだ。そう、一生懸命ではなく、ちゃんと生きること、母が教えてくれたことは、「一生懸命」より「ちゃんと」の方が難しいということだと思う。


私が結婚しようと思った時、母は名古屋の名鉄ホールで芝居をしていた。夫になる杉本哲太が一緒に名古屋に行こうと言うので、芝居を観がてら母に会いに行くことにした。母とは何度も会っていたし、酔っ払いのところも知っていたから、父より先に母に話しておきたかったのだと思う。

芝居は中村玉緒さんと母の、もちろん喜劇で、そんなものを初めて観た杉本はズボンのポケットからハンカチを取り出し口にあて、本当に目を丸くして肩を小刻みに震わせていた。終演後に母の楽屋に行くと、母は厚化粧にターバンで「いらっしゃい」と、味噌煮込みうどんを出前で頼んでおいてくれた。「美味しい？」「美味しいです」「面白かった？」「面白かったです」うどんも食べ終わり、母は今か今かと杉本が結婚について言い出すのを待っていたが、全く話し出す気配がない。

「哲太くん、わざわざ名古屋まで来てくれたのはなんでなの？」と母が聞くと杉本は正座をし、膝に手を置き、母を真っ直ぐ見て「あぁ、舞台を観たかったですし、観てよかったです。面白くて、玉緒さんにはびっくりでして……」と詰まり詰まり言葉を継ぐばかり。とうとう痺れを切らした母は「はづきと結婚するんでしょっ！」「……あ、はい。そうでした」。

母は、顔をくしゃくしゃにして笑い「あー疲れた。頼むわよ哲太くん！ 私に言わせないでよ〜」と言ってから、「どうぞよろしくお願いします。私に似ちゃって変な女ですが」と手をついて頭を下げた。

「はい」。杉本の「はい」に母はまた笑い出し「ホントに哲太くんて面白いわねぇ。『いや、私たちコントみたいでっせ〜』」と、玉緒さんのモノマネで母が言った（ものすごく似てた）。杉本は再度ズボンのポケットからハンカチを取り出し口にあてると、母の目を真っ直ぐ見たまましばらく笑っていた。

そんな感じで母はクリアし、父には一人で会いに行ってもらうことにした。なので、スムーズに話が進んだのかどうかはわからないのだが、父は「ま、長い人生だから、はづきとうまくいかないことになっても、ずっと友だちでいよう」みたいなことを言ったらしい（全く男はええカッコしいだ）。

父は私には「誰と結婚しようと大変の分量は同じだから……内容が違うだけでね」とだけ言った。

今、思い返してみると、賛成とか反対とかではなく、「大変だろうが、なるたけ喜劇的にちゃんとやってみろ」父と母はそう言って送り出してくれたのだだと思う。

そうして私は妻となり母となり、今度は躾をする側になったわけだが、どんな躾をしたんだか全くと言っていいほど記憶がない。ひたすら毎日、夫と子供の世話で終わっていた気がする。父が言った通り大変なこともたくさん起こったが、そのたびに「誰と結婚しても大変の量は一緒」と私は自分に言い聞かせ、どうにか「大変」を4コマ漫画に収めようとしていた。「大変」には失敗も涙も付きものなんだから、しっちゃかめっちゃかでもいいのだが、4コマ目をどうやって喜劇的にちゃんと終わらすか、そこに何やら使命感みたいなものがあった。

親は子供を躾け、たくさんのことを伝えるが、子供は親を見て育っていく。だから厳しく躾けられても、教えを振りかざされても、目の前に見えている親と重ならなければ身に付かないのだろうと思う。

結婚直前に卵巣嚢腫で緊急手術となった時、母が「私が朝まで病室にいるから大丈夫よ！」と、のたうち回る私の手を握って言った。痛みで気が遠くなりながらも「付き添いはママかぁ〜」と思っていた。無事に手術も終わり病室で眠っていたのだが、夜中にお腹が圧迫され苦しくて目が覚めた。なんと、ベッドの横に腰掛けていた母が、私のお腹の上に突っ伏して眠っていたのだ！　おまけにミニビールの缶までお腹の上に転がっていた。思いもしなかった4コマ目に笑ってしまい、圧迫された傷口がさらに痛かった。

フランスパンとかすみ草と眠れない子守歌

私が母になるってことは、母が祖母になるってこと。61歳で初孫が生まれ、とうとうバァバとなった。とはいえ、出産のために実家に帰るなんて笑っちゃう！　だって、実家には母がいるのだから。

私の産道の入り口に赤ちゃんが入るのが難しいらしく、帝王切開と決まっていたのでみんなのスケジュールに合わせて産む日を決めた。無事に生まれ、オールスターキャストが待つ病室に息子と私は戻ったが、病院から実家には戻らなかった。

私は夫と2人でぎこちない子育てを始めたのだが、3時間おきに泣かれては仕事に差し障るから夫はソファに寝て、仕事帰りにスーパーで買い物をしてきてもらい、お互いにヘトヘトになりながらも「子は鎹《かすがい》」とはこのことか！　と、母に助けてもらおうなんて思いつきもせずに過ごしていた。夫が地方にロケに行くことになり「実家に帰ったら？」と言われた時にも、「大丈夫！　なんとかなる」と私は答えた。

夫が出かけた翌日、母から「今から行くわね」と電話があった。夫が地方に行っていることは知らないはずだが、まぁ私も夫がいない時に来てもらう方が気が楽なので、パジャマのまま母を待っていた。

ピンポ〜ン！　息子を抱いたまま玄関のドアを開けると、右手には溢れるほどのかすみ草の花束を抱え、左手にはなぜかバゲット（超長いフランスパン）を2本抱え、つばが広く太いリボンがぐるりと付いた麦わら帽子をかぶった、フランス映画から飛び出した風の母が満面の笑みで立っていた。

〝やっぱりな〟そんな母を見た途端に心が萎える。

「バァバよぉ〜〜〜！」息子は病院以来の白粉《おしろい》の匂いを嗅ぐこととなった。

「お祝いのお花と、あなたのご飯よ！」２本のバケットは私のご飯らしかった。

私から息子を受け取ると「眠そうね」「うん、オッパイ飲んだとこだからね」

母は、寝かしつけるように歌を唄い始めた。

「コチコチカッチンおとけいさん、コチコチカッチン動いてる〜」最初は静かに唄っていたのだが、段々気持ちよくなってきたのだろう。

「こーどもーのハリと！　おーとなーのハリと！　こんにちは！　さようなら！」

大きな声で楽しそうに唄い出した。

「眠くないみたいよ〜」「いやいや、眠れないでしょ」重くなったのだろう、母は唄い終わると孫を私に返した。

「なんか飲む？　お酒はないけど」

「大丈夫大丈夫！　帰って飲むから。おっぱいあげてるから飲めないのか〜。

可哀想に、ママは飲んでたわよ」（聞きたくなかった〜。飲んでたかぁー）

母は、私がざっくり花瓶に入れたかすみ草を細い指で広げ食卓の真ん中にドーンッと置いた。

「ちゃんと食べなさいよ！　なんでも言いなさい、手伝ってあげるから」

母は三田佳子調でそう言うと、もう一度孫に自分の匂いを嗅がせてから帰って行った。

「お米といどこうか？　洗濯機回す？」そんなこと言ってくれる母がよかったなぁ、母にできるわけないとわかってるけど。すっかり目が覚めてしまいグズっている息子に、天井にディズニーの絵がクルクル映るオルゴールを回し、『星に願いを』に合わせて母に負けじと大声で唄ってみた。

「私のごはん〜バゲット2本〜せめてハムでもないんですか〜」まな板の上に2本のバゲットを並べ全て切り、袋に小分けにして冷凍庫へ。

〝ママ！　カレーパンでよかったのに〟

冷凍庫がパンパンになるので、冷凍してあったハンバーグを出して、2切れのバゲットを添えて私の夕飯とすることにした。

かすみ草を眺めながらの束の間の夕食タイム。かすみ草は、母がガーベラの次に好きな花だ。母はよく言っていた。

「かすみ草はね、脇役扱いされるけど主役になれる花なのよ」

ママ！　私もかすみ草になりたいよ。

晩年の母の一番の友だちはウイスキー

気づけば私が還暦を過ぎたのだから、いつ親を見送る日が来てもおかしくはなかったのだ。作家の宇野千代さんが晩年おっしゃっていたという「私は死なないような気がしてきた」という有名な言葉がある。きっと本当にそう思われていたのだと思う。母が亡くなって、何人ものかたに「メイコさんは死なないと思ってたのに」と言われた。確かにそう思える人っているような気がする。そんなこと絶対ないんだけれど、なんだかいなくなることが似合わない人。

私は還暦を迎えグレーヘアにして、やっと漠然と自分が年をとったんだなぁと感じたけれど、生きた年数や見た目ではない自分自身が年相応かと言ったら、内側は年齢に関係なくずっと私のままだ。

閉経し、老眼になり、ヒールを履くのがおっくうになっていくのに、気持ちはなかなか老いてくれないものだ。若く見られたいというのとはちょっと違うから、ミニスカートを穿いたり顔になんか打ったり入れたり痛いことはしないのだけれど、いったいいつお婆さんになるのかなぁ、自分だけがそう思っているだけで、すでに人から見たらお婆さんなのかなぁ、内側の自分が鏡の中の自分に問いかける。

89歳の母を61歳で見送った時、母の天晴れな逝き方を、とても自然なこととして受け入れることができたのだ。61年母娘で過ごし、心安らかに母を見送ることができた時、唯一「あぁ、長い長い時間が過ぎたんだなぁ」と気づかされた。

母はどれだけお酒を飲んだことか、3時間の睡眠でどれだけ働いていたか。

しかし、3度のお産以外に入院したのは若い頃の盲腸だけで、人間ドックなどの健康診断も一度も受けたことがなかった。

2019年に大腿骨を骨折し85歳でお産以来の入院をした。それは、お産以来の一応の禁酒の日々でもあった。

母は適応能力が高いので、すんなり入院患者となり、それなりに85歳を演じていた。

リハビリを含めると長い入院となるので、「この機会に色々検査してみますか？」と先生に勧められ、母は嫌々「そうですね、いたしましょうか」と台詞のように言った。嫌々は、検査そのものではなく、お酒をやめなさいと言われたらどうしよう！　と心配していたかららしい。

結果、年相応の数値の衰えはあるものの全て正常値、肝臓にいたっては何の問題もなかった。

母は「よかった、骨折だけね！　どうせもうピンヒールを履けなくなって歩くことに興味がないからちょうどいいわ」とニコニコしながら言った。

元々運動とは無縁で、ほとんど歩くことのない生活をしてきた人だった。70歳の頃には「あゆ（浜崎あゆみさん）が履いてるみたいなブーツが買いたいんだけど」と私に電話がかかってきたが、80歳を過ぎてやっと「ヒールはムリよ」と言い出した。そして、階段や坂道は誰かの腕を必要としていたから、リハビリをしたとてピンヒールを履けるわけじゃないと母が一番わかっていたはずだから覚悟をしたんだと思う。老いたことを。

入院していた1ヶ月、毎日シラフの母に会うたびにびっくりした。なんせ、そんなことほぼほぼ生まれて初めての経験だったから。退屈しているベッドの上の母といろんな話をしたのだが、びっくりしたのは、母が翌日も話したことを全て覚えていることだ。いつもは何度でも同じ話をするのだが、初めて会うシラフの母の頭は常にしっかりしていた。あの繰り返し同じ話をする記憶力の低下はアルコールによるものだったと判明した。

お酒も飲まずに（当たり前なのだが）、病院のリハビリルームで歩行訓練や筋トレをしている母を見ていると、ピンとこないというか、なんか違和感があり、素直に頑張れ！　とは言えなかった。

でも母は、ピンクのベレー帽にサングラスをして毎朝リハビリルームへ通っていた。超優等生で人気者となり、階段を上り下りできるところまでやり遂げた。

「お酒を飲まないってすごい!!」姉と私もお酒をやめようかと思ったくらいだ。

最後のリハビリの時、皆さんに拍手で見送られると母は、

「お世話になりました！　二度と転ばないように、もうお酒はやめます」

とはっきり宣言した。

退院して数日は確かにシラフで過ごしたようだった。

母に代わって父が台所に立つようになっていたので、おかずを届けに行くと母は食卓に着いていた。

「どう？　足」私がテーブルの下の母の足を覗こうとすると、突然母が、

「ほら、見てごらんなさい！　綺麗な夕焼けよ〜」

バスガイドのように片手を高く上げ「こちらに見えますのが〜」風に、窓の向こうのいたって普通の夕焼けを私に見て見て！　と微笑んでいる。そしてテーブルの下の足だけがモゾモゾ動いていた。少し離れた台所からなので、全てが見えていることに母は気づいていない。

母は少し動きが鈍くなった小さな足を使って、椅子の横に置いてあったウイスキーの瓶をＵＦＯキャッチャーみたいに足の裏で挟み、両足の間に隠そうとしていたのだ。

噴き出しそうになったが、「夕焼けが見えていいわね」とだけ言った。「飲めめ！　肝臓も退屈してたはずだし、やっぱりシラフは似合わないよ」と思ったから。それにＵＦＯキャッチャーもリハビリの一環だ！

介護認定やら、ケアマネジャーさんとの面接も母らしくこなした。大きく名前の書かれた名刺を母に差し出し、

「私はこういうものです。名前を教えていただけますか？」

「……中村メイコです。顔が名刺代わりでごめんあそばせ」

「存じております……が、えっとぉ、ご本名をお願いしまーす」

「神津さつき、五月と書いて。メイコはね、Mayなんですよ」

明るいケアマネジャーさんで本当に助かった。

「そうだったんですね〜。Mayコさんだったんですね〜。素敵〜！」

その後、母は年相応のボケをかまし面接が終わると、ケアマネジャーさんに言った。

「今度は飲みましょ！」

母は足元に一応隠していたウイスキーの瓶を今度は得意気に掲げて言った。

また転んだら大変なので、廊下やベッド脇に手すりを付けてもらい、テレビ局などで長く歩かなければならない所は車椅子で移動するようにコンパクトな車椅子を車のトランクに入れておくようになったのだが、それでもまだ「飲みましょ！」と仕事終わりには誰かを誘って車椅子でも行きやすいホテルのバーに寄ってから帰って来ることもあった。

母は亡くなるその日まで、2日で1本ウイスキーを飲んでいた。ものすごい酒量だが50代までは1日1本飲んでいたことを思えば、酒量は半分に落ちたとも言える。

母が大腿骨を骨折していなかったら、まだ元気だったかも、と思うことはある。歩かなくなると、いろんな細胞が「もう、お使いになられませんよね」とスイッチを切っていくのかもしれない。

でも、ピンヒールが履けなくなっても、車椅子になっても、ウイスキーの瓶が最後まで母の横にいてくれて本当によかった！　晩年の母の一番の友だちはウイスキーだったのだから。

2022年５月、母の88歳の誕生日に。

「化けて出てきてよ！」もう一度母と

母親に参っている人は少なくないと思う。

私の周りにも「あー、もー！」「ドヒャ～」「意味がわからない！」と、母親に怒ったり振り回されたり溜め息を吐《つ》いたりしている娘がたくさんいる。

参っているというのは嫌いとは少し違い、なんとかしようと思ってはいるのだ。だって、その母の血が自分に流れていて、いつか自分も年を取るのだから、うまく折り合い付き合える最善の方法を見つけたいのだ。

友だちとのランチで愚痴って、動物や子供のインスタグラムに心洗われて、「よし！　優しくするぞ」と母に挑むも束の間、「あー、もー！」「ドヒャ～」「意味がわからない!」に戻される。
いくつになっても子供は親に従って当然と思っている母親か、完全に立場が入れ代わり子供より手のかかる存在になっている母親か、相変わらずのめんどくさい母親か、のどれかだ。
私の場合、間違いなく相変わらずのめんどくさい母だった。母が亡くなるまでは。
携帯の留守番電話に母からのメッセージがたくさん残っている。
「あなたの母です。面白い話があるのよ!」(その面白い話を聞くのは5回目)
「あなた、もうすぐお誕生日でしょ? 何か欲しいものある?」(お誕生日は先月末で、プレゼントもいただきました)
「私も長くはないから何百とある着物をゆっくり選びに来てちょうだい」(着物は、あなたがどんどん人様に差し上げたから、もう大してないはず)
惚けてるといえばもちろん惚けてるのだが、母は若い頃から、持ちネタの話を何度でもＡＩのように話し、話は5倍に。数に関しては苦手な分、桁を簡単に2～3桁増やして話すので、惚けてるのかどうか判断がつきにくいところもあった。まあ、母の場合は、飲酒による物忘れに、加齢によるものが加わったのは確かだろう。

幼馴染みと飲んだりしても最近は親の話が増えた。小学校から高校まで一緒に育った面々だから、お互いの親のこともよく知っている。一緒に叱られたり、口裏を合わせて嘘ついたりしてきた仲だ。結婚していたり、していなかったり、離婚したり、したがっていたり、娘の方は色々だが、母親たちはみんな等しく年を取った。

ある友だちは、デイサービスの車で送られて来る母親を迎えに行くたびに、「バスに乗ってた人の中で誰が一番綺麗だと思った？」と母親に聞かれ、最初は真剣に見回し、「あのブルーのセーターのかたじゃない？」と答えていた。

すると――

「あなたは見る目がない！　小さい頃からそうだ！　判断がいつも間違っている！」

　と突然、母親は怒り出したそうだ。

「えっ、じゃあママはどのかただと思うの？」

「そんなこと私に言わせるなんて！　私はそんな娘に育てた覚えはない！」

　と、さらに怒られた。

　結局、「ママが一番綺麗」と言って欲しかったのだ。それからは、バスを降りるたびに毎回「鏡よ鏡」のように同じことを聞くらしい。

「だからさ、最近は聞かれる前に〝ママが一番綺麗だったよ〟って言うんだけどね……」

「そうすると、おばちゃまは安心するの？」

「ママはわかってますからお友だちに教えてあげなさい、だってぇ！　教えたからね！　よろしく」

彼女の家に遊びに行った時に私が「おばちゃまは本当に綺麗ね！」と言ったら、ふわっと頬が赤らんで「そんなことないわよぉ、お婆さんだもの〜」と、ものすごく嬉しそうに言った。そしてお土産に持っていった美容液を「ヤッタ！」と、びっくりするほど喜んでくれた。その後、友だちによると「毎晩塗りたくってる」とのこと。

「うちのママはねぇ、一日一回生死の確認を私にするの〜」

「ん？　どういうこと？」

「死んでるか生きてるか教えてちょうだいって言ってね、おばあちゃまは？〝死んでる〟。おじいちゃまは？〝死んでる〟。パパは？〝死んじゃった〟。……これを毎日」

「確かに、年取ると時間軸がぐちゃぐちゃになってるよね。なんかしばらく会ってないわ、とか思うのかもね」

「みんな死んじゃったのねって言うから、またすぐ会えるわよ！　って言ったらさ、私を殺さないでよ！　だって。そこだけ普通」

そんな娘たちだって、いつまでこうして飲んで喋って笑っていられるのか。本当は今のうちに親から学んで子供に愛される可愛いお婆さんになるためのマニュアルでも作っておくべきなのかもしれないが、きっとその頃にはマニュアルを作ったことなどすっかり忘れているに違いない。

どの母親も同じだけ年を取ったわけだから、どこかが痛かったり、痒かったり、できていたことができなくなったり、聞いたことが聞いていないことになったりするのは当たり前のことだ。建物だったら取り壊されるか、大きなバッテンの鉄骨で耐震補強される年月を、身一つで頑張ってきたのだ。夫のため、子供のため、昔は姑のために。母親たちを見ていると、やっと自分でいられる時がきたのかもなぁと思う。惚けてからなんて悲しすぎるとも思うけれど、あの人たち、惚けでもしなきゃ毎日誰かのために生きてしまうから。

鏡に映っているのは若い頃の自分かもしれない、みんな見送って自分だけが生きてると知ってホッとしているのかもしれない。娘たちから見たら、「あー、もー！」「ドヒャ〜」「意味がわからない！」だけど、今が生きている中の大事な時間なのかもしれない。

母が亡くなる数ヶ月前、父が仕事に行っている間、実家で母と2人、2〜3時間を過ごした。また母の同じ話を聞いて、それ聞いたよ！と言うのも嫌だから、私は母が好きそうな面白い話をいくつか用意していった。母は、カラカラと水割りを混ぜながら顔をクシャクシャにして声を上げて笑っていた。

その少し前に『鶴瓶ちゃんとサワコちゃん〜昭和の大先輩とおかしな2人』という、笑福亭鶴瓶さんと阿川佐和子さんがBSでされているトーク番組に母を呼んでいただき、私は心配で収録に付いて行った。というのも、前日に鶴瓶さんから「お母さん、どんな？」と、私の携帯に電話がかかってきたからだ。「マジでボケボケです。心配」私自身、鶴瓶さんとは長いお付き合いなので、どちらもぶっちゃけた話ができる。

収録に私が付いて行くと「なんで来るんや！」と、あの笑顔で言われたので、収録には立ち会わないで帰ろうと決めた。

鶴瓶さんが〝まかせとき〟と言っている気がしたからだ。収録があった夜に鶴瓶さんから電話があった。

「はーちゃん、ええかげんにしなさい！　どこがボケボケや、むっちゃ面白かったで！　素晴らしい。まだまだ使えまっせ〜！」

「ホントですか〜！　びっくり〜。鶴瓶さんと佐和子さんのおかげだと思いますが、母が喜ぶから伝えておきまーす！」

その日は、まだ放送前だったので私は半信半疑だったが、母に伝えた。

「鶴瓶さんがね、むっちゃ面白かったでって、お電話くれたわよ！　私がママはボケボケですって言ったこと怒られた。鶴瓶さんはね、まだまだ使えまっせ〜だって！」

母は「あんたたち本当に失礼ねぇ〜。ボケボケとか、まだまだ使えるとか〜」

と嬉しそうに笑った。

「鶴瓶さんに言っといて。もうそろそろ電池切れです、切れたら化けて出ますからって」

父が帰って来たので帰り支度をしていると、「楽しかったー！　また面白い話を貯めておいてね」と母。

「どーせ今日の話、次来た時には全部忘れてるんだから、また最初から同じ話してあげる〜」

「失礼ね〜」母はいつも通りの口癖で手を振った。

後日、放送を観て私は唖然とした。母はあまりに面白く、しっかりしていた。その映像は何度でも観ることができるが、母に同じ話をもう一度してあげることはできなかった。

でも、母には時々言ってみている。

「ねぇママ、たまには化けて出てみたら！」

パパは黒柳徹子さんと結婚したかった？

母が亡くなって、父と話す時間が増えた。話すことが増えたわけではなく、父が寂しい寂しいと電話してくるので、車椅子が通りやすいようにと、片付けてがらんとした実家のリビングに行って、父の前に座ることが増えたのだ。大きな音でテレビが点いている中で、耳の遠い父と話すのはなかなか大変だ。ある日、私は思いついた。この本を書くにあたり、インタビュー形式で私の知らないあれこれを父に聞けば永遠に話すであろう昔の話を、iPhoneで録音すればいい！と。確認したいことだけを父に聞けばいいのだが、それではすぐに用が足りてしまって、父の寂しい時間を埋めるには短すぎるからだ。

父が生まれた中野の大屋敷の間取りから始まり、小学校の担任に嫌われていて、麻布中学を受けた時に点数は合格だが、なんでこんな酷い内申なのかと聞かれてその訳を話し、合格となったら担任が「信じられない、あの内申で」とがっかりしたとか、さらさらと昨日のことのように話し続ける。

「中野に家があった頃、桃園第二小学校に通っててね。サンプラザがある所が陸軍中野学校でね、そこでラッパを習って吹けるようになったんだよ。家の塀に使われていた鉄が軍に供出させられ、土地も強制退去、国分寺の小さな家に移って親父さんは死んだ。そこからおふくろが俄然《がぜん》張り切り出してね、えい兄さん（前妻の長男）が復員するのに部屋がないって言って、荻窪に家を買ってね、飯屋も始めるんだよ。どうやって家を買ったのか、生活のためとはいえ飯屋をどうやって持てたのか、あの頃は訳のわからないことばかりだ。運だけで生きていく時代だったのかもしれないな。そう、僕はね、運がいい男だったんだよ」

国分寺の小さな家で父の父が床にふせていた時、ラジオから母の声が聞こえてきた。

「この、メイコちゃんっていうのは頭のいい子だねぇ」

と、麻布中学に入ったばかりの父に言ったことがあったらしい。


母の納骨の時、久しぶりに開けた神津の墓。中は案外混んでいた。墓の中から長い付き合いの石屋さんが声をあげた。

「どこに置きましょうか？」

ドンと最前列に並んでいた祖父と祖母を少し奥に移動させ、そこに母の骨壺が置かれた。

「ご両親を横に並べましょうか？」

「えっ！　パパを置くとこ、取っとかないとじゃない？」

「そうですね」私の不謹慎な一言に、みんなが笑いながら頷いた。

父は、まだ入るには時期尚早の墓を覗き込みながら、

「おふくろとは仲がよかったから、真後ろは親父さんじゃなくておふくろにしてやってください。親父は80年くらい前に、頭のいい子だって女房のことを褒めてたけどねぇ。会うのは初めてだから、親父さん！　メイコが行きましたよ」

と言うと、また顔をくしゃくしゃにして泣きながら、

「今や頭がいいかどうかわかりませんけど」

と言ったので、私たちは静かに肩を揺らして笑った。


iPhoneの前で父の話は続いた。

中野でラッパを習ったおかげで、音大のトランペット科に進むことができた。おふくろが電話を売って買ってくれた中古のトランペットがあったから米軍のダンスパーティーのビッグバンドに選ばれ本場のＪＡＺＺを吹けるようになった。ＪＡＺＺの譜面をわざと汚しては「書き直してきます！」と持ち帰り、譜

面を写し溜め、グレン・ミラーの映画を端っこの席でおにぎりを食べながら一日中観ては譜面にした。アメリカに染まっていく時代の中で父は〝JAZZ〟という武器で運を味方に付け、扉を一つ一つ開けて行ったようだ。

日本で人気の出てきたビッグバンドのバンドボーイになり、譜面を書いたりしているうちに、人気を博していくプレイヤーたちと繋がっていく。そして新しい映画音楽を求めていた映画会社からも声がかかり、作曲したものを録音するとなれば、オーケストラだろうがJAZZプレイヤーだろうが、すぐにメンバーを集めることができる父は、その時代に運良くハマったのだろう。

その運の良い出会いの一人が、黒柳徹子さんのお父様だったという。黒柳守《もり》綱《つな》さんはヴァイオリニストで、NHK交響楽団の前身でコンサートマスターをされていたかただ。どういうわけか父を好いてくださって、東宝映画の音楽を録音する時にはしょっちゅう覗きに来てくださり、「アルバイトでいいよ」と弾いてくださったそうだ。若造の作曲家がなめられないようにといらしてくださっていたようで、本当に助けていただいた……とiPhoneに録音されている。

そういえば！！！　２０２１年に『徹子の部屋』に父と出演した時、番組も終わろうかという頃に徹子さんが突然、父に聞いたのだ。

「でも、あなたは私と結婚したかったのよね」

それに対して父は、「……ハハ。ねぇ」とか曖昧な返事をした。

「えっ？　何それ？」と私。

「あら、知らなかった？」と徹子さん。

そこでル～ルル～と音楽が鳴って、そのまま番組は終わった。

別に、90近い男女の昔話だし母が取り乱しているわけでもないから、ずーっと、その件には触れずにきた。もちろん気になる話ではあったが、知らずに済むならうやむやにしておきたい気もしていた。

iPhoneに録音しながら、徹子さんのお父様の話を父から初めて聞いた私は、なんとはなしに尋ねてみた。インタビュアー風に。

「その頃は、もう中村メイコさんとも黒柳徹子さんとも面識はあったんですよね？」

「あったあった、人気が出始めた女優と、NHKの若きホープ黒柳徹子の頃だよ」

　大きく括《くく》ったら、母と徹子さんは似たタイプだ。そんなこと言うと双方に怒られそうだが、大きくというのは、若尾文子さんや草笛光子さんといった方々とよりは似た2人だと思う。だから、仮に父が徹子さんを好きになった時があったとしても「あるかも！」とは思っていた。

「あのさ、『徹子の部屋』の時、徹子さんが〝あなた、私と結婚したかったのよね〟って言ったじゃない！　それはぁ、その頃の話？　ま、別にどうでもいいんだけどね！」

　90を過ぎた男は、めんどくさいが可愛い（これも誰かに叱られそうだが、私も60を超えた女だから言ってみる）。

「僕は、黒柳さんのお父さんに本当にお世話になっていたからね、ＮＨＫとかで徹子さんに会うと必ず挨拶して話して、決して嫌われることのないようにしていたよ。楽しい人だったしねぇ」

「結婚って、どこから出た話なの？」

ついでだから、ちょっと土足で踏み込み聞いてみた。

「う〜ん、たぶん僕が、運に恵まれてることに調子に乗ってる頃だし、徹子さんのお父さんに本当に助けてもらっていたから、そんなこともあるかもしれないって友だちに吹聴してたかもしれない」

そしてこう付け足した。

「ママもねぇ、可愛かったけど生意気だったんだよ」

「ほー、徹子さんは生意気じゃなかった？」

「うん、ＮＨＫだから。ただねぇ、今はだいぶ落ち着かれたけど、当時はものすごいシャキシャキ娘でね」

「生意気VSシャキシャキかぁ。でも似てるタイプだったでしょ？」

「全く違うんだよ！」

92歳が笑いながら得意気に言った。

「僕は理屈っぽいから、ついつい難しい話をするだろ？　そうするとね、ママは急に静か〜になってね、ふぅ〜んくらいしか言わなくなるんだよ。徹子さんはね、〃なんで！　違うわ！　あのねぇ〃って、俄然張り切って僕は話せなくなるんだよ」

父は昨日のことのように楽しそうに話した。

きっと、そうやって切磋琢磨して生きていた時代の仲間だったんだろう。母の生涯最後の仕事が『徹子の部屋』だったことも、私のiPhoneに録音された父の言葉も70年前から繋がっている余韻なのだ。

「メイコミュージアム」が食器棚に誕生

あと10分もしたら母の誕生日だ。5月13日。

毎年、母の日と近いのでお祝いは2つ兼ねてやっていた。2023年の母の89歳の誕生日は、小さなケーキを買って実家に行った。

パイル地の家着《いえぎ》にノーメイクの母は、

「こんなに長く生きるとは思ってなかったわぁ〜。もうそろそろいいと思う。つまんないもん」

って言っていた。

車椅子の生活になるまでは、母にとって自分の誕生日は大イベントで、といっても、すでにパーティーを開くとか人を招く気はなく、私たち家族に「どこにお食事に行く?」「何着ていこうかしら!」と嬉しそうに言うのだ。母の誕生日が近づいてくると、誰とは無しに「さて今年はどうするかね~?」と、お店を選び、父は馴染みの花屋さんに母の好きなガーベラを朝イチで届けてもらう電話をした。

父は、いったい何年これをやってきたのだろう。母は20歳で婚約したのだから、69年か!

0時を過ぎた。

「ママ、90歳おめでとう!」

明日は父のために母の誕生日をする。69年続けてきたものが突然なくなるのは寂しいだろうから。

昨年のノーメイクの母の写真をiPhoneで探してみた。家族にしか見せない老いた母の姿が満面の笑みで89の形をした2本のろうそくと写っている。

「もうそろそろいいと思う。つまんないもん」

きっと本音だったと思う。大好きな買い物もままならず、素敵な洋服を見つけて試着して鏡の前に立つこともできなくなった母。そんな誕生日はさぞかしつまらなかっただろう。満面の笑みの老いた母の写真を見たら、急に涙が溢れてきた。

白装束の上に真っ赤なカーディガンをかけて見送った母は、今どこでどんなふうにしているんだろう。ひばりさんたちとワイワイやっているんだろうか。もしかして全て忘れて天使になって空を舞っていたりするのだろうか。母が亡くなってからの方が、母を近くに感じて話しかけたりしているけれど、今頃になって「あぁ、もう母を見られない」と思ったりする。

ちょっと知っている占い師さんに会ったので、「母はどうしてますか？」と聞いてみた。

「ものすごく楽しそうですよ！　あちこちに移動してはお友だちと……」

「お酒飲んでるんですか？」

「はい。もちろん！」

やはり天使ではなかった。なぜかホッとした。あちらで楽しく飲んでいるのなら、それが一番だ。

「ママはどの辺りにいるだろう。道に迷っていないだろうか。寂しかったら待ち合わせた三途の川の手前の喫茶店で待ってろよ」

父は相変わらず母の写真に話しかけているから、「楽しくみんなと飲んでるみたいよ」とは、言いづらい。

万が一、父があちらに行って待ち合わせの場所に母がいなかったら父のショックはいかばかりか、と妙な心配までしてしまう。

「ママ〜！　パパのこと頼むね！」

私はまた見えない母に話してみる。

「パパがこちらに来るとわかったら、すぐ行くから大丈夫よ！」

気持ちよさそうに酔っ払ってる母がそう言った気がした。死ぬと人は頼もしくなるなぁ。


母のいない母の誕生日。メンバーは、父と姉と私の息子と私の友だちが2人。テーブルにたくさん料理が並び、ハッピーバースデーを歌い「90歳おめでと〜！」と言って乾杯をして、私たちは昨年の89歳の誕生日と同じように過ごした。母の思い出話など出なかった。母には「母を偲んで」みたいなのはピンとこないのだ。テーブルに母がいるかの如く、母が声を出して笑いそうな話ばかりしていた。

あちらで楽しくしているらしい母だが、もしかしたら私たちの笑い声につられてこちらにも来ていたかもしれない。今、思うと、そこに母は来ていた気がする。私たちは笑いすぎていて気づかなかったけれど。

父は母に「戒名」をつけなかった。「中村メイコ」でいいと。そもそも我が家には仏壇というものがない。だから父は、母が自分用のお酒とグラスを入れていた食器棚の一段を空っぽにして仏壇代わりにしていたが、お骨を納めてからは父が好きな母の写真が数枚と、母の好きだったお花が置かれている。お線香立ては置いてあるものの全く仏壇感はない。

お位牌は置きたくないと言い、小さなスポットライトを買ってきて母の写真に当たるように設置し、母が一番好きな赤いガーベラを見つけては買ってくる。ちっちゃな棚の中でだが、今も母はスポットライトを浴びているわけだ。

言うならば、ちっちゃな「メイコミュージアム」みたい。もちろん父が館長だ。

「毎朝ここに椅子を持ってきて30分くらいママと話してるから、だいぶ僕は心が穏やかになってきたよ」

寂しい寂しいと言っていた父が、そう言った。

「そう！　よかったね～。朝の日課なのね」

毎朝30分もいったい何を喋るんだろう……と内心ちょっとびっくりだったが、そう答えた。

「そう、日課なんだ。でね、僕だけ椅子に座って喋ってるのもなんだから、ママにも椅子を買ってあげようと思うんだ」

今度は、だいぶびっくりした！

「ママの椅子？　を……買う？　どういうこと？」

父は、「メイコミュージアム」の中に母がゆったり座れる一人がけのソファを置きたいようだった。海外のドールハウスにあるようなミニチュアの椅子を。

携帯で、ドールハウスと検索したら母が好きそうなソファがたくさん出てきた。

「楽しそう！　色々揃えたくなっちゃうね～。ママの部屋に」

「だろ？」

嬉しそうに父が言った。

父は、食器棚の一段を母の部屋にして、その中に置かれたソファで寛ぐ母と話をすることが楽しみで仕方ないようだ。

「仏壇より、あの人には似合うだろ？」

「もちろん！」

「メイコミュージアム」は、父の終《つい》の住処《すみか》としてリニューアルの予定だ。

ガランとしたリビングに背を向けた父が、お線香を立てた。食器棚の一角で行き場がなく広がっていく細い煙の向こうで、どの写真の母も私に微笑んでいた。

父にはどんな新居の光景が広がっているのだろう。

お風呂の窓から父と母の喧嘩にアテレコ

母がある日ふっと亡くなって、もう半年が過ぎた。

父から「お母さんが息をしていないかも」と電話があり、酔っ払ってスヤスヤ眠っているような母が息をしていないと確認してから、救急車だの家族だのに電話をしながら「母親が死ぬってどんなことなんだろう」と、心のどこかで思っていた。

「ママー！」と抱きつくことも泣き叫ぶこともしない自分に「ん？　どういうこと？」と。

89歳と高齢であったこと、痛みや辛さがなかったこと、大好きなウイスキーを飲んでいたこと、父と2人きりの時に父の腕の中で逝ったこと。今思うと私は「ママ、幸せね～」って、そんな時でも心の中で言っていたかもしれない。そこには不思議だけど綺麗な時が流れていたような気がする。

父だけは取り残されたように、母の死を受け入れられずに、そこからずーっと泣いていたけれど。

私は父の涙につられることもなかった。それは70年を共に過ごしてきた父と母だけが共有しているもので私は入れなかった。

父と母は、お互いを尊重し合い仲の良い夫婦だったとは思うけれど、自分を犠牲にして連れ添った2人だったとも思う。留学するために貯めたお金を母とのデートのために使い、紅白歌合戦に出られるほどのヒット曲がありながら人様の歌を批評する立場である父に「下手な歌はやめてほしい」と言われ「はい」と答えた母。仮に父がバークレーに留学し、母が紅白に出続けたとしたら、2人は全く違う人生を歩んでいたかもしれない。もちろん、だとしたら私は存在しないのだけれど。

私は、2人の心の奥深くにも小さくそんな思いはあったのではないかと思う。決して口に出さなかったけれど。我慢していたのではなくて「言わない」って決めたんじゃないかと。

2人はすごい喧嘩をよくしていた。「お父様は穏やかなかたね」「お母様は愉快なかたね」と世間の人は言っていたが、とんでもない！　泣くわ、喚《わめ》くわ、怒鳴るわ、となかなかなものだった。ただ、いつも家の中には子供、姑の他にお手伝いさんもいたので、まだ慣れていないお手伝いさんの時は外に停めてある車の中でやっていた。喧嘩を。

お風呂場の窓からは車がよく見えて、姉と私は車内灯を点けて閉め切った車の中で喧嘩している2人に、アテレコ（洋画の吹き替えみたいな）をして遊んでいた。私が母役、カンナが父役だ。

母「なんてこと！　見損なったわ、Jyu（父の本名は充吉なので洋画名はJyu）、私が正しいに決まってる！」
父「何を言ってるんだ！　May（母は5月生まれなのでMeikoではなくMayko）、愚かなのは君だろ！」
母「あらぁ、私は天才よ！　知らなかった？」
父「天才？　オーマイガー！　なら聞くよ、17＋9は？」
母「わかるわけないでしょ！　靴下を脱いでも指が足りないもの!!」

こんな風に。それはそれで楽しかったのだけれど。

母が亡くなって、古い映像をあちこちで観る機会があったり、こうして母のことを思い出して書いていると、記憶を確認したくて昔の映画やドラマを観たりする。そんな時ふと、知らないうちに自分が涙を流していることに気付く。

それはコメディであったりトーク番組で少し事実とは違う話をして笑わせてい

る母なのだが、母はいつも健気なのだ。60を過ぎて、母が亡くなって初めて気付く母のこと。

母は、人の悪口や文句を言わない人だった。だからきっと、その代わりに話を少し事実と変えてカリカチュアして面白く話し、毎日ケセラセラとお酒を飲んだんだと思う。

若い頃、母がもっとエキセントリックでシリアスな演技をする女優さんだったらよかったと思っていた。いつも話をオーバーにして、さらに作り話も交えて話すのがものすごく嫌だった。

「ママ、ごめん」そんな涙だと思う。

母が亡くなった時に泣けなかったのは、ちゃんと生きた母の最期に魅せられたからと、母が「泣くのはまだよ～、まだよ～」と言ってたからかもしれない！と思う。

母は、一生懸命なんて生まれて死ぬまでのことで当たり前。だから一生懸命なんて決して言うな、と私に言ったことがある。確かに母は私に一生懸命を見せることは一度もなかった。いつだって、ちょっとダメな母だった。でもそれが、ちゃんと生きたってことなんだと今、思う。

「人生は喜劇的でありたい」

母は祖父の言葉を守り、色紙にいつも書いていた「赤ちゃんのような心でいつまでも」を貫いた。

それができなかった時の母を知ってるのは父だけなのだろう。車の中で、母は何を喚き、父は何を怒鳴っていたのだろう。やっぱり、父の涙は父だけのものだ。

もし叶うのなら、もう一度父と母の喧嘩にアテレコしたい！

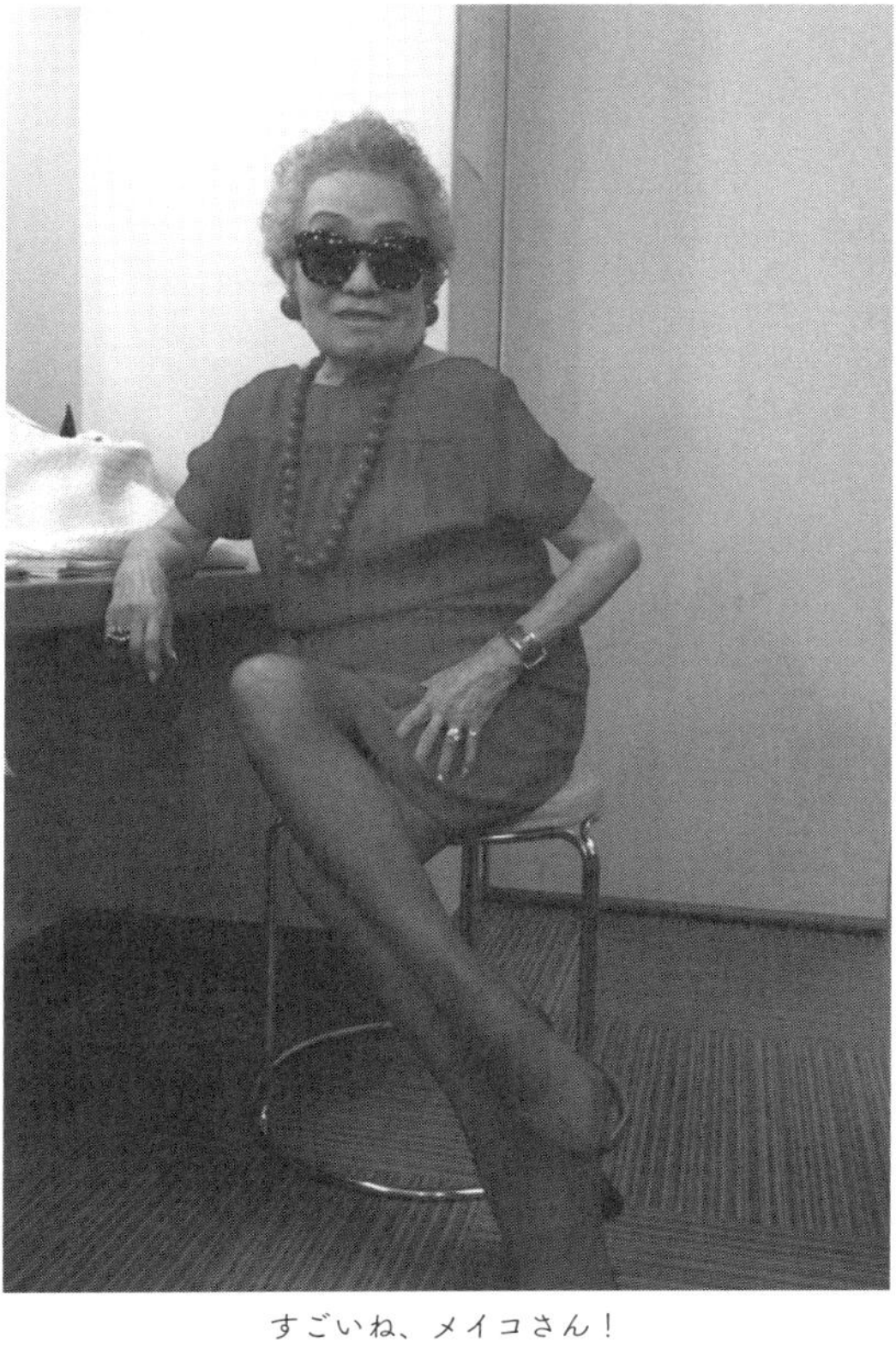

すごいね、メイコさん！

おわりのご挨拶

2024年8月の終わりに、東京・松濤美術館で催された『111年目の中原淳一展』へ行ってきた。私が幼い頃から母の鏡台の横には毎年中原さんのカレンダーが掛けられ、引き出しの中は便箋やら葉書やら、中原淳一さんの描く、大きな目をした美しい女の子でいっぱいだった。

母は10代前半に、中原淳一さんが編集長をされていた雑誌『ひまわり』に読者として詩を投稿し、いつも最終審査まで残る常連になっていたようだ。だから母が亡くなり、この個展のことを知って「行きたい！」と思っていたのだ。

そんなある日、阿川佐和子さんから電話があった。

「メイコさんは中原淳一さんとお親しかったんですってね！　今代わるわね」

電話の向こうは中原淳一さんの次男の奥様である中原利加子さんだった。利加子さんの話だと、中原淳一さんは毎回のように詩を投稿してくる母の名前を見て「もしかしたら映画に出ている子かも」と連絡をくださり、母だとわかると「編集部に遊びにおいで」と誘って、母は雑誌だけではなく現実の中原淳一の世界にも飛び込んでいったようだ。

そんな話を聞きながら、すでに私も中原淳一の世界に引き摺り込まれていた。90年前、中原淳一さんの描かれる女の子は当時の少女たちのアイドルだったというが、今も胸がキュンキュンするほど美しい。髪型が、お化粧が、お洋服が、靴が、指先が……ノスタルジックなのではなくて、今も現役のアイドルなのだ。

今はショーケースに入れられた付録を少女だった母がどんな気持ちで手に取っていたんだろうと想像すると、自分も少女に戻ったみたいに私はますますワクワクしてきた。母を含め、テレビもファッション誌もない時代に中原淳一に出会った少女たちを心から羨ましいと思った。そして、これだけの才能の持ち主が戦後の物がない時代に日本の少女たちに寄り添い、日常に夢をちりばめる知恵を与え続けていらしたことに感動した。いまだに母の引き出しいっぱいに中原さんの描いた女の子がいる理由がわかった気がした。母が私のために、丈をホチキスで直したワンピースも、リボンで結わえただけのマフラーも、最後まで衣装部屋に取っておいた綺麗な柄の布たちも、少女だった母が中原さんから学んだことだったのだ（残念ながら縫い方と編み方は学ばなかったようだが）。

父へのお土産で買った日めくりカレンダーにこんな言葉がありました。

「第一に明るい心を持つことから始めよう。」
「いつも「微笑」を忘れないでください。」
「あなたが上手におしゃれをして、人の心を楽しくさせるような人になって欲しいと思います。」

「しあわせとは自分のこころの中のよろこび、一人一人の心の中にあるものなのです。」

母が亡くなり目に見えない存在になったことで、私にとって母は絶対的母親となった。母との楽しかった思い出も嫌だった思い出も全てがパラパラ漫画のようになって小さな風を私に送ってくる。その中に、時々大きな目をした美しい少女も見える気がする。

私は母と61年過ごしてきたけれど、大概母は明るかった。微笑むことができない時は普段よりたくさんお酒を飲んで酔っぱらいになった。そして幸せは心の中に置いてあって、最期は父の腕で自分ごと一緒に包んでもらいながら昇っていったのだ。すごいね、メイコさん！　そういうわけで、母・中村メイコは私の心の中に永遠にいることとなりました。

最後までお付き合いくださった読者の皆様、ありがとうございました。

ママはいつもつけまつげ

母・中村メイコとドタバタ喜劇

2025年1月28日　初版第1刷発行

著者　神津《こうづ》はづき
発行人　鈴木亮介
発行所　株式会社小学館
〒101-8001　東京都千代田区一ツ橋2-3-1
編集03-3230-5585
販売03-5281-3555

印刷所　TOPPAN株式会社
製本所　牧製本印刷株式会社

販売　中山智子
宣伝　秋山優
制作　国分浩一
資材　朝尾直丸
編集　橘髙真也

Printed in Japan　ISBN 978-4-09-389185-1